Andreas Kobschätzky (Hrsg.)

Zitate

- **Für jeden Anlass**
- **Von klassisch bis frech**

Über den Autor

Andreas Kobschätzky war lange Zeit als Buchredakteur in diversen Ratgeber-Verlagen tätig, bevor er sich mit einem eigenen Redaktionsbüro in Landsberg selbstständig machte. Sein Schwerpunkt liegt im Lektorat und in der Konzeption und Betreuung von Business-Ratgebern und -Sachbüchern. Zitate sind seine persönliche Leidenschaft, der er jetzt mit diesem Buch nachgehen konnte.

→ Check-in

Sie suchen nach einem kurzen, prägnanten und vor allem verlässlichen Ratgeber. Dieser GU Kompass bietet Ihnen wertvolle Anregungen für die verschiedensten Anlässe und Situationen. Ob unterwegs in der Jackentasche oder immer griffbereit am Arbeitsplatz: Jeder Titel dieser Reihe informiert Sie übersichtlich, aktuell, kompetent und lösungsorientiert.

- Jedes Themengebiet wird auf einer Doppelseite behandelt. Suchen Sie Ihre Fragestellung, Ihr Stichwort, Ihren Ausgangspunkt im Inhaltsverzeichnis und steigen Sie einfach ein.
- Falls Sie unter großem Zeitdruck stehen und nur das Allernotwendigste nachschlagen möchten, halten Sie sich an das im Inhaltsverzeichnis optisch hervorgehobene „Last-Minute-Programm". Es zeigt Ihnen, in welchen Situationen Sie auf keinen Fall um Worte verlegen sein sollten.
- Nutzen Sie den Service-Teil mit seinen ergänzenden Dokumenten sowie weiterführenden Hinweisen zu Büchern und Adressen, um bestimmte Aspekte zu vertiefen.

Steigen Sie einfach ein! Entweder thematisch gelenkt: Die Stichworte finden Sie im Inhaltsverzeichnis. Oder lassen Sie sich überraschen und schmökern Sie quer durchs Buch.

Denkwürdiges und Anrührendes findet sich dabei genauso wie Ironisches und Witziges. George Bernhard Shaw und Oscar Wilde stehen einträchtig neben Sokrates, Madonna oder auch Lessing. So ergibt sich ein thematisch verbundenes Netz quer durch die Jahrhunderte.

Inhalt

→

Last-Minute-Programm

Die wichtigsten Punkte im Überblick!
Die farblich und durch Pfeile → gekennzeichneten Abschnitte bilden das Last-Minute-Programm. Es verweist auf Situationen, in denen ein gutes Zitat besonders (oft) gelegen kommt.

Leib und Seele

Besondere Anlässe

→

Service

1. Erfolg und Niederlage

„Erfolg: wenn A für Erfolg steht, gilt die Formel $A = X + Y + Z$. X ist die Arbeit, Y ist Muße und Z heißt Mundhalten."
Albert Einstein, deutscher Physiker (1879 – 1955)

„Ein Misserfolg ist die Chance, es beim nächsten Mal besser zu machen."
Henry Ford, amerikanischer Industrieller (1863 – 1947)

„Der Erfolg besteht manchmal in der Kunst, das für sich zu behalten, was man nicht weiß."
Sir Peter Ustinov, englischer Schauspieler (geb. 1921)

„Der Sieg hat viele Väter, die Niederlage aber ist eine Waise."
John F. Kennedy, 35. US-Präsident (1917 – 1963)

„Es sind nicht die Erfolge, aus denen man lernt, sondern die Fiaskos."
Coco Chanel, französische Modeschöpferin (1883 – 1971)

„Jeder Erfolg, den man erzielt, schafft uns einen Feind. Man muss mittelmäßig sein, wenn man beliebt sein will."
Oscar Wilde, irischer Schriftsteller (1854 – 1900)

„Der Erfolg bietet sich meist denen, die kühn handeln; nicht denen, die alles wägen und nichts wagen wollen."
Herodot, griechischer Geschichtsschreiber (um 490 – 425 v. Chr.)

„Karriere ist etwas Herrliches, aber man kann sich nicht in einer kalten Nacht an ihr wärmen."
Marilyn Monroe, amerikanische Schauspielerin (1926 – 1962)

„Nur im Wörterbuch kommt Erfolg vor Fleiß."
Vidal Sassoon, amerikanischer Starfriseur (geb 1928)

„Der einzige Weg, nie auf die Schnauze zu fallen, ist, ständig auf dem Bauch zu kriechen."
Heinz Riesenhuber, Bundesminister a. D. (geb. 1935)

„Unsere größte Schwäche liegt im Aufgeben. Der sichere Weg zum Erfolg ist, es doch noch einmal zu versuchen."
Thomas Alva Edison, amerikanischer Erfinder (1847 – 1931)

„Ein wirklich erfolgreicher Mann ist jener, der mehr verdient, als seine Frau ausgeben kann. Eine wirklich erfolgreiche Frau ist jene, die einen solchen Mann findet."
Françoise Sagan, französische Schriftstellerin (geb. 1935)

„Man muss mutig sein, und Mut ist die Fähigkeit, von Niederlage zu Niederlage zu gehen, ohne seine Begeisterung zu verlieren."
Sir Winston Churchill, britischer Premierminister (1874 – 1965)

„Eine stolz getragene Niederlage ist auch ein Sieg."
Marie Freifrau von Ebner-Eschenbach, österreichische Schriftstellerin (1830 – 1916)

„Es gibt zwei Möglichkeiten Karriere zu machen. Entweder leistet man wirklich etwas, oder man behauptet etwas zu leisten. Ich rate zur ersten Methode, denn hier ist die Konkurrenz bei weitem nicht so groß.
Danny Kaye, amerikanischer Schauspieler (1913 – 1987)

„Nur diejenigen, die sich trauen, in großem Stil zu scheitern, können auch in großem Stil Erfolg haben."
Robert F. Kennedy, amerikanischer Politiker und Justizminister (1925 – 1968)

2. Experten und Berater

„Die letzte Stimme, die man hört, bevor die Welt explodiert, wird die Stimme eines Experten sein, der sagt: Das ist technisch unmöglich."
Sir Peter Ustinov, englischer Schauspieler (geb. 1921)

„Kein Mensch kann ein reiner Spezialist sein, ohne nicht im buchstäblichen Sinn ein Idiot zu sein."
George Bernhard Shaw, anglo-irischer Dramatiker (1865 – 1950)

„Wenn alle Experten sich einig sind, ist Vorsicht geboten."
Bertrand 3. Earl of Russell, englischer Mathematiker und Nobelpreisträger (1872 – 1970)

„Ein Berater, das ist einer, der dir die Uhrzeit sagt, nachdem er dir die Uhr weggenommen hat."
David Owen, englischer Politiker (geb. 1938)

„Lass dir von keinem Fachmann imponieren, der dir erzählt: ‚Lieber Freund, das mache ich schon 20 Jahre so!' Man kann eine Sache auch 20 Jahre lang falsch machen."
Kurt Tucholsky, deutscher Schriftsteller (1890 – 1935)

„Die Zehn Gebote Gotte sind deshalb so klar und verständlich, weil sie ohne Mitwirkung einer Sachverständigenkommission zustande gekommen sind."
Charles de Gaulle, französischer Staatspräsident (1890 – 1970)

„Der Experte ist ein gewöhnlicher Mann, der – wenn er nicht daheim ist – Ratschläge erteilt."
Oscar Wilde, irischer Schriftsteller (1854 – 1900)

„Willst du etwas wissen, so frage einen Erfahrenen und keinen Gelehrten."
Chinesisches Sprichwort

„Ein Berater ist ein Mann, der 49 Liebespositionen kennt, aber kein einziges Mädchen."
Kasimir M. Magyar, Schweizer Unternehmer

„Ein Experte ist ein Mann, der hinterher genau sagen kann, warum seine Prognose nicht gestimmt hat."
Sir Winston Churchill, britischer Premierminister (1874 – 1965)

„Beratung gleicht der Kunst, kleine Kinder zum Lachen zu bringen."
Klaus C. Plönzke, deutscher Unternehmensberater (geb. 1936)

„Der Experte ist ein Spezialist, der über etwas alles weiß und über alles andere nichts."
Ambrose Bierce, amerikanischer Journalist und Satiriker (1842 – 1914)

„Ein Ruin kann drei Ursachen haben: Frauen, Wetten oder die Befragung von Fachleuten."
Georges Pompidou, französischer Politiker (1911 – 1974)

„Der Experte ist ein Mensch, der die kleinen Irrtümer vermeidet, während er dem großen Trugschluss entgegentreibt."
Benjamin Stolberg, amerikanischer Schriftsteller (1914 – 1974)

„Manch einer verdankt seinen Erfolg den Ratschlägen, die er von anderen nicht angenommen hat."
Ferenc Molnar, ungarischer Schriftsteller (1878 – 1952)

„Spezialisten sind nur bedingt einsetzbar, Dilettanten überall."
Ole Anders, deutscher Publizist

3. (Fehl-) Entscheidungen

„Wenn ich zwischen zwei Übeln zu wählen habe, dann nehme ich lieber das, welches ich noch nicht ausprobiert habe."
Mae West, amerikanische Schauspielerin (1893 – 1980)

„Was nicht auf einer Manuskriptseite zusammengefasst werden kann, ist weder durchdacht noch entscheidungsreif."
Dwight D. Eisenhower, 34. US-Präsident (1890 – 1969)

„Besser unvollkommene Entscheidungen durchführen als ständig nach vollkommenen suchen."
Charles de Gaulle, französischer Staatspräsident (1890 – 1970)

„Wenn man manche Fehler geschickt zeigt, wirken sie glänzender als Vorzüge."
François de la Rochefoucauld, französischer Schriftsteller (1613 – 1680)

„Wer schnell entschlossen ist, strauchelt leicht."
Sophokles, griechischer Flottenbefehlshaber und Dichter (um 496 – 405 v. Chr.)

„Fehler sind nützlich, aber nur, wenn man sie schnell findet."
John Maynard Keynes, britischer Volkswirtschaftler (1883 – 1946)

„Jeder Fehler erscheint unglaublich dumm, wenn andre ihn begehen."
Georg Christoph Lichtenberg, deutscher Physiker und Schriftsteller (1742 – 1799)

„Eine Fehlentscheidung auf Anhieb erspart immerhin Zeit."
Helmar Nahr, deutscher Mathematiker (geb. 1931)

„In wichtigen Fragen hat man meist zwischen Pest und Cholera zu wählen."
Dean Acheson, amerikanischer Politiker (1893 – 1971)

„Es ist besser, ein Problem zu erörtern, ohne zu entscheiden, als es zu entscheiden, ohne es erörtert zu haben."
Joseph Joubert, französischer Moralist (1754 – 1824)

„Entscheide lieber ungefähr richtig als genau falsch."
Johann Wolfgang von Goethe, deutscher Dichter (1749 – 1832)

„Wenn du jedesmal stehen bleibst, wenn ein Hund bellt, wirst du deine Reise nie beenden."
Arabisches Sprichwort

„Alle wichtigen Fragen entscheiden sich besser über Nacht."
Epicharmos, griechischer Arzt (um 550 – 460 v. Chr.)

„Die schlimmsten Fehler macht man in der Absicht, einen Fehler gutzumachen."
Jean Paul, deutscher Schriftsteller (1763 – 1825)

„Man kann keine Eierkuchen backen, ohne ein paar Eier zu zerschlagen."
Napoleon I. Bonaparte, französischer Kaiser (1769 – 1821)

„Es ist besser, feurig von Geist zu sein, selbst wenn man dann mehr Fehler macht, als beschränkt und übervorsichtig."
Vincent van Gogh, niederländischer Maler (1853 – 1890)

„Jede Dummheit findet einen, der sie macht."
Tenessee Williams, amerikanischer Schriftsteller (1911 – 1983)

4. Geld

„Das Geld, das man besitzt, ist das Mittel zur Freiheit, das-jenige, dem man nachjagt, das Mittel zur Knechtschaft."
Jean-Jacques Rousseau, französisch-schweizerischer Schriftsteller und Philosoph (1712 – 1778)

„Geld verdirbt nur den Charakter, der bereits verdorben ist."
Edgar Faure, französischer Politiker (1908 – 1988)

„Die Börsenspekulation ist wie eine Skatpartie: Man muss mit guten Karten mehr gewinnen, als man mit schlechten Karten verliert."
André Kostolany, ungarischer Börsenguru (1906 – 1999)

„Die höchste Bewunderung aber trifft den, auf den das Geld keinen Eindruck macht."
Marcus Tullius Cicero, römischer Staatsmann und Redner (106 – 43 v. Chr.)

„Dem Geld darf man nicht nachlaufen, man muss ihm entgegengehen."
Aristoteles Onassis, griechischer Reeder (1906 – 1975)

„Für Börsenspekulation ist der Februar einer der gefährlichsten Monate. Die anderen sind Juli, Januar, September, April, November, Mai, März, Juni, Dezember, August und Oktober."
Mark Twain, amerikanischer Schriftsteller (1835 – 1910)

„Genug zu haben ist Glück, mehr als genug zu haben ist unheilvoll. Das gilt für alle Dinge, aber besonders fürs Geld."
Laotse, chinesischer Philosoph (um 480 – 390 v. Chr.)

„Die richtige Einstellung zu Geld ist habgierige Abscheu."
Henry Miller, amerikanischer Schriftsteller (1891 – 1980)

„Als ich jung war, glaubte ich, Geld sei das Wichtigste im Leben, jetzt wo ich alt bin, weiß ich, dass es das Wichtigste ist."
Oscar Wilde, irischer Schriftsteller (1854 – 1900)

„Je mehr Geld man hat, desto mehr Leute lernt man kennen, mit denen einen nichts verbindet außer Geld."
Tennessee Williams, amerikanischer Schriftsteller (1911 – 1983)

„Lieber eine schlechte Aktie zum richtigen Zeitpunkt als eine gute Aktie zum falschen."
Thomas Mann, deutscher Schriftsteller (1875 – 1955)

„Mich interessiert nicht, wer die Gesetze macht, solange ich das Geld kontrolliere."
Amschel Meyer Rothschild, deutscher Bankier (1743 – 1812)

„Geld ist nichts. Aber viel Geld – das ist etwas anderes."
George Bernhard Shaw, anglo-irischer Schriftsteller (1856 – 1950)

„Das Geheimnis des erfolgreichen Börsengeschäfts liegt darin, zu erkennen, was der Durchschnittsbürger glaubt, dass der Durchschnittsbürger tut."
John Maynard Keynes, englischer Ökonom (1883 – 1946)

„Vielleicht verdirbt Geld den Charakter. Auf keinen Fall aber macht Mangel an Geld ihn besser."
John Steinbeck, amerikanischer Schriftsteller und Nobelpreisträger (1902 – 1968)

„Willst du den Wert des Geldes kennen lernen, versuche, dir welches zu borgen."
Benjamin Franklin, amerikanischer Politiker, Schriftsteller und Erfinder (1706 – 1790)

5. Image

„Das ist die Gefahr bei einem guten Image: Wer glaubt, ich bin seit 30 Jahren der Erste, also bleibe ich's, der liegt falsch."
Eberhard von Kuenheim, deutscher Topmanager (geb. 1928)

„Ein Image hat mit der Person so viel zu tun wie die Zweitfrisur mit dem Kopf."
Hanns-Hermann Kersten, deutscher Schriftsteller (1928 – 1986)

„Mancher pflegt sein Image so lange, bis er keins mehr hat."
Danny Kaye, amerikanischer Schauspieler (1913 – 1987)

„Ein Mensch ist wie eine Bruchrechnung: Sein Zähler zeigt an, was er ist, und sein Nenner, wofür er sich hält. Je größer der Nenner, desto kleiner der Bruch."
Leo Nikoajewitsch Tolstoi, russischer Schriftsteller (1828 – 1910)

„Das Image ist ein geborgtes Gesicht."
Thornton Wilder, amerikanischer Dramatiker (1897 – 1975)

„Wünschest du, dass die Leute gut über dich denken? Sprich nicht!"
Blaise Pascal, französischer Philosoph und Mathematiker (1623 – 1662)

„Besser schweigen und als Narr scheinen, als sprechen und jeden Zweifel beseitigen."
Abraham Lincoln, 16. US-Präsident (1809 – 1865)

„Image ist die Kunst, jemand ein Gesicht zu geben, der höchstens eine Visage hat."
Ralph Boller, Schweizer Autor

„Es ist schwierig, etwas zu sein und danach auszusehen."
Jean Cocteau, französischer Schriftsteller (1889 – 1963)

„Mehr als die Frucht achtet man die Blüte und es zählt allein der Schein."
Miyamoto Musashi, japanischer Samurai (1584 – 1645)

„Oft in den Schlagzeilen zu sein macht noch kein Image."
Daniel Goeudevert, französischer Topmanager (geb. 1942)

„Wenn man absichtlich weniger aus sich macht, als man könnte, wird man für den Rest des Lebens unglücklich sein."
Abraham Maslow, amerikanischer Psychologe (1908 – 1970)

„Das Image ist ein Maßanzug, den man sich nach den Maßen der öffentlichen Meinung anfertigen lässt."
Siegfried Lenz, deutscher Erzähler (geb. 1926)

„Vor lauter Rücksichtnahme auf sein Image verliert mancher sein Gesicht."
Dr. Fritz Rinnhofer, österreichischer Jurist (geb. 1939)

„Das Image ist das, woran man schließlich selber glaubt."
Deborah Tannen, amerikanische Soziolinguistin

„Sei, was du scheinen willst."
Sokrates, griechischer Philosoph (um 470 – 399 v. Chr.)

„Es ist ein bekanntes Talent niedriger und kleiner Geister, stets den Namen eines großen Mannes im Munde zu führen."
Jonathan Swift, anglo-irischer Schriftsteller (1667 – 1745)

„Image ist Persönlichkeit in Pulverform, instant personality: Sofort fertig, sofort vergessen."
Oliver Hassencamp, deutscher Kabarettist und Schriftsteller (1921 – 1988)

6. Lob und Kritik

„Die Menschen lassen sich lieber durch Lob ruinieren als durch Kritik verbessern."
George Bernhard Shaw, anglo-irischer Dramatiker und Nobelpreisträger (1856 – 1950)

„Gerechtigkeit ist nicht die Aufgabe des Kritikers, sondern die Aufgabe Gottes."
Marcel Reich-Ranicki, deutsch-polnischer Literaturkritiker (geb. 1920)

„Ein Lob ist nur so viel wert wie der Mensch, der es ausspricht."
Miguel de Cervantes-Saavedra, spanischer Schriftsteller (1574 – 1616)

„Nur der hat das Recht auf Kritik, der von Herzen hilfreich ist."
Abraham Lincoln, 16. US-Präsident (1809 – 1865)

„Am besten aber wirst du den Charakter eines Menschen kennen lernen, wenn du beobachtest, wie er jemanden lobt und wie er sich selbst verhält, wenn er gelobt wird."
Seneca, römischer Philosoph und Politiker (ca. 4 v. Chr. – 65 n. Chr.)

„Sage mir, wer dich lobt, und ich sage dir, worin dein Fehler besteht."
Wladimir I. Lenin, russischer Revolutionär (1870 – 1924)

„Es ist ein Zeichen von Mittelmäßigkeit, nur mittelmäßig zu loben."
Benjamin Franklin, amerikanischer Erfinder und Politiker (1706 – 1790)

„Der letzte Beweis von Größe liegt darin, Kritik ohne Groll zu ertragen."
Victor Hugo, französischer Lyriker (1802 – 1885)

„Tadeln ist leicht, deshalb versuchen sich so viele darin. Mit Verstand loben ist schwer, darum tun es so wenige."
Anselm von Feuerbach, deutscher Maler (1829 – 1880)

„Wer sich über Kritik ärgert, gibt zu, dass sie verdient war."
Publius Cornelius Tacitus, römischer Geschichtsschreiber (um 55 – 120 n. Chr.)

„Nur wenige Menschen sind klug genug, hilfreichen Tadel nichtssagendem Lob vorzuziehen."
François de la Rochefoucauld, französischer Schriftsteller (1613 – 1680)

„Es gehört weniger Mut dazu, der allein Tadelnde als der allein Lobende zu sein."
Marie von Ebner-Eschenbach, österreichische Schriftstellerin (1830 – 1916)

„Der Kritiker ist ein Wegelagerer auf dem Weg zum Ruhm."
Robert Burns, schottischer Nationalbarde (1759 – 1796)

„Auch die schlechteste Kritik hat ihr Gutes, wenn eine Kollegin sie erhält."
Marlene Dietrich, deutsche Sängerin und Schauspielerin (1901 – 1992)

„Lob und Tadel bringen den Weisen nicht aus dem Gleichgewicht."
Buddha, Ehrenname des indischen Religionsstifters Siddharta (550 – 480 v. Chr.)

7. Management und Führung

„Das Management ist meist selbst die Krise, die es zu bewältigen sucht."
Reinhardt K. Sprenger, deutscher Unternehmensberater und Schriftsteller (geb. 1953)

„Stehe an der Spitze, um zu dienen, nicht um zu herrschen."
Seneca, römischer Politiker und Philosoph (um 4 v. Chr. – 65 n. Chr.)

„Niemand kann andere Menschen gut führen, wenn er sich nicht ehrlich an deren Erfolgen zu freuen vermag."
Thomas Mann, deutscher Schriftsteller (1875 – 1955)

„Das Genie einer guten Führungskraft besteht darin, eine Situation zu hinterlassen, die gesunder Menschenverstand auch ohne Genialität erfolgreich bewältigen kann."
Walter Lippmann, amerikanischer Publizist (1889 – 1974)

„Immer wieder finden sich Eskimos, die den Bewohnern des Kongo sagen, was diese zu tun haben."
Stanislaw Jerzy Lec, polnischer Satiriker (1909 – 1966)

„Den Charakter eines Menschen erkennt man erst, wenn er Vorgesetzter geworden ist."
Erich Maria Remarque, deutsch-amerikanischer Schriftsteller (1898 – 1970)

„Gutes Management besteht darin, durchschnittlichen Leuten zu zeigen, wie man überdurchschnittlich arbeitet."
John D. Rockefeller, amerikanischer Industrieller (1839 – 1937)

„Der beste Führer ist derjenige, der sich mit sicherem Instinkt gute Leute aussucht, die tun, was er getan haben möchte, und genügend Selbstbeherrschung besitzt, um sich nicht einzumischen, solange sie es tun."
Theodore Roosevelt, 26. US-Präsident und Nobelpreisträger (1858 – 1919)

„Im heutigen Geschäftsleben geben zu viele Manager Geld aus, das sie nicht verdient haben, für Dinge, die sie nicht brauchen, um Leute zu beeindrucken, die sie nicht mögen."
John M. Capozzi, amerikanischer Unternehmer und Autor

„Der beste Manager lehrt seine Mitarbeiter nicht, wie sie denken sollen, sondern dass sie denken sollen."
Daniel Goeudevert, französischer Topmanager (geb. 1942)

„Führungsqualität ist eine gelungene Kombination aus strategischem Können und Charakter. Muss man jedoch auf eines davon verzichten, dann lieber auf Ersteres."
Norman Schwarzkopf, amerikanischer General (geb. 1934)

„Wenn jemand dir die Stiefelsohlen leckt, setze den Fuß auf ihn, bevor er anfängt, dich zu beißen."
Paul Valéry, französischer Schriftsteller (1871 – 1945)

„Ein gescheiter Manager muss so gescheit sein, Leute einzustellen, die viel gescheiter sind als er."
John F. Kennedy, 35. US-Präsident (1917 – 1963)

„Das Management ist die schöpferischste aller Künste. Es ist die Kunst, Talente richtig einzusetzen."
Robert McNamara, amerikanischer Politiker (geb. 1916)

„Wer Menschen führen will, muss hinter ihnen gehen."
Laotse, chinesischer Philosoph (um 480 – 390 v. Chr.)

8. Motivation und Leistung

„Bedeutende Leistungen werden nur von bedeutenden Menschen erzielt und bedeutend ist jemand nur, wenn er fest entschlossen ist, es zu sein."
Charles des Gaulle, französischer Staatspräsident (1890–1970)

„Wer sich auf seinen Lorbeeren ausruht, trägt sie an der falschen Stelle."
Mao Zedong, chinesischer Politiker (1893–1976)

„Wo ein Begeisterter steht, ist der Gipfel der Welt."
Joseph von Eichendorff, deutscher Dichter (1788–1857)

„Ein Mann, der nicht mehr leistet als das, wofür er bezahlt wird, leistet so wenig, dass er das nicht wert ist, was er bekommt."
Abraham Lincoln, 16. US-Präsident (1809–1865)

„Keine Begeisterung sollte größer sein als die nüchterne Leidenschaft zur praktischen Vernunft."
Helmut Schmidt, deutscher Alt-Bundeskanzler (geb. 1918)

„Die Götter wenden den guten Menschen gegenüber dasselbe Prinzip an wie die Lehrer bei ihren Schülern. Sie verlangen höhere Leistungen von denen, auf die sie größere Hoffnungen setzen."
Seneca, römischer Philosoph (um 4 v. Chr. – 65 n. Chr.)

„Es ist reine Zeitverschwendung etwas Mittelmäßiges zu tun."
Madonna, amerikanische Sängerin (geb. 1958)

„Wer etwas Großes leisten will, muss tief eindringen, scharf unterscheiden, vielseitig verbinden und standhaft beharren."
Johann Christoph Friedrich von Schiller, deutscher Dichter und Dramatiker (1759 – 1805)

„Wir warten unser Leben lang auf den außergewöhnlichen Menschen, statt die Gewöhnlichen um uns herum in solche zu verwandeln."
Hans Urs von Balthasar, Schweizer Theologe und Verleger (1905 – 1988)

„Aller Leistung liegt ein Sieg über sich selbst zugrunde."
Archibald Joseph Cronin, englischer Schriftsteller (1896 – 1981)

„Es ist das Zeichen einer außerordentlichen Leistung, dass selbst die größten Neider sie loben müssen."
François de la Rochefoucauld, französischer Schriftsteller (1613 – 1680)

„Der einzige Weg, Menschen zu motivieren, ist, mit ihnen zu kommunizieren."
Lido Anthony Iacocca, amerikanischer Manager (geb.1924)

„Lob ist eine gewaltige Antriebskraft, dessen Zauber seine Wirkung nie verfehlt."
Andor Foldes, ungarischer Pianist (1913 – 1992)

„Wenn der Mensch alles leisten soll, was man von ihm fordert, so muss er sich für mehr halten, als er ist."
Johann Wolfgang von Goethe, deutscher Dichter (1749 – 1832)

„Wer ein Warum zu leben hat, erträgt fast jedes Wie."
Friedrich Nietzsche, deutscher Philosoph (1844 – 1900)

9. Statistiken und Bilanzen

„Ich glaube nur an Statistiken, die ich selbst gefälscht habe."
Sir Winston Churchill, britischer Premierminister (1874 – 1965)

„Ich könnte sogar Gott statistisch nachweisen."
George Gallup, amerikanischer Meinungsforscher (geb. 1901)

„Die Qualität der Bilanzfälschung entscheidet darüber, ob man zum Wiener Opernball geladen wird oder in die Justizvollzugsanstalt."
Manfred Grau, deutscher Publizist (geb. 1948)

„Ich stehe Statistiken etwas skeptisch gegenüber. Denn laut Statistik haben ein Millionär und ein armer Kerl jeder eine halbe Million."
Franklin D. Roosevelt, 32. US-Präsident (1882 – 1945)

„Die Zahl ist das Wesen aller Dinge"
Pythagoras, griechischer Mathematiker (580 – 500 v. Chr.)

„Es gibt drei Arten von Lügen: Lügen, infame Lügen und Statistiken."
Benjamin Disraeli, englischer Staatsmann und Schriftsteller (1804 – 1881)

„Eine Statistik ist wie ein spanisches Gasthaus: Jeder findet darin, was er sucht."
Jean-Claude-Riber, deutsch-französischer Opernintendant (geb. 1934)

„Wenn man Zahlen richtig foltert, gestehen sie, was man will."
Unbekannt

„Bilanz: Unzucht mit Zahlen."
Robert Lembke, deutscher Fernsehmoderator (1913 – 1989)

„Mit Statistiken kann man alles beweisen, auch das Gegenteil."
Baron James Callaghan of Cardiff, britischer Politiker (geb. 1912)

„Die Statistik ist eine sehr gefällige Dame. Nähert man sich ihr mit entsprechender Höflichkeit, dann verweigert sie einem fast nie etwas."
Edouard Herriot, französischer Politiker (1872 – 1957)

„Stört die Wahrheit, nütze listig die Produkte der Statistik."
Manfred Rommel, deutscher Politiker (geb. 1928)

„Es wird so leicht dahingesagt, Zahlen sprächen für sich; ich zweifle an dieser Feststellung. Große Zahlen verdecken eher, als dass sie offenbaren."
Heinrich Böll, deutscher Schriftsteller und Nobelpreisträger (1917 – 1985)

„Wenn Sie mit den Füßen im kalten Eiswasser stehen und mit dem nackten Hintern auf einer heißen Herdplatte sitzen, dann haben Sie im statistischen Durchschnitt eine angenehme Körpertemperatur."
Peter Paterna, deutscher Politiker (geb. 1936)

„Warum heißt es ‚Statistischer Fragebogen'? Statistisch gebogen werden doch erst die Antworten!"
Gabriel Laub, polnisch-tschechischer Satiriker (1928 – 1998)

„Der Bilanzgewinn ist der Teil vom Gewinn, den der Vorstand beim besten Willen nicht mehr vor den Aktionären verstecken konnte."
Carl Fürstenberg, deutscher Bankier (1850 – 1933)

10. Strategie und Planung

„Alles, was gut geht, wird im Nachhinein als Strategie erklärt."
Gerhard Schröder, 7. deutscher Bundeskanzler (geb. 1944)

„Wie töricht ist es, Pläne für das ganze Leben zu machen, da wir doch nicht einmal Herren des morgigen Tages sind."
Seneca, römischer Politiker und Philosoph (um 4 v. Chr. – 65 n. Chr.)

„Man verachtet kühne Pläne, wenn man sich große Erfolge nicht zutraut."
Luc de Clapiers Marquis de Vauvenargues, französischer Philosoph (1715 – 1747)

„Planung ersetzt den Zufall durch den Irrtum."
Prof. Werner Kirsch, deutscher Veterinärmediziner (geb. 1901)

„Strategie ist ein System von Notbehelfen."
Helmuth Graf von Moltke, preußischer Generalfeldmarschall (1800 – 1891)

„Kleine Taten, die man ausführt, sind besser als große, die man plant."
George Marshall, amerikanischer General und Politiker (1180 – 1959)

„Plant das Schwierige da, wo es noch leicht ist. Tut das Große da, wo es noch klein ist. Alles Schwere auf Erden beginnt stets als Leichtes. Alles Große auf Erden beginnt stets als Kleines."
Laotse, chinesischer Philosoph (um 480 – 390 v. Chr.)

„Je üppiger die Pläne blühen, umso verzwickter wird die Tat."
Erich Kästner, deutscher Schriftsteller (1899 – 1974)

„Leben ist das, was dir passiert, während du dabei bist, andere Pläne zu machen."
John Lennon, Ex-Beatle (1940 – 1980)

„Präzise planen kostet in der Regel auch nicht mehr Energie als träumen, wünschen und hoffen."
Amerikanisches Sprichwort

„Gegen das Fehlschlagen eines Planes gibt es keinen besseren Trost, als auf der Stelle einen neuen zu machen."
Jean Paul, deutscher Dichter (1763 – 1825)

„Heutzutage genügt es schon, wenn man Pläne hat. Nach der Verwirklichung fragt kaum noch jemand."
Jacques Tati, französischer Schauspieler (1908 – 1982)

„Nur keine kleinen Pläne machen, sie können die menschliche Seele nicht bewegen."
Daniel H. Burnham, amerikanischer Architekt (1846 – 1912)

„Je planmäßiger die Menschen vorgehen, desto wirksamer trifft sie der Zufall."
Friedrich Dürrenmatt, Schweizer Dramatiker (1921 – 1990)

„Wie bringst du Gott am einfachsten zum Lachen? Erzähl' ihm deine Pläne."
Joe Perry, amerikanischer Rockmusiker (geb. 1950)

„Die sechs Phasen der Planung: Begeisterung, Verwirrung, Ernüchterung, Suche nach dem Schuldigen, Bestrafung der Unschuldigen, Auszeichnung der Nichtbeteiligten."
Unbekannt

11. Teamwork und Meetings

„Der Klatsch der Frauen ist harmlos. Der Klatsch der Männer ist gefährlich. Man nennt ihn Konferenz."
Françoise Sagan, französische Schriftstellerin (geb. 1935)

„Wenn über das Grundsätzliche keine Einigkeit besteht, ist es sinnlos, miteinander Pläne zu schmieden."
Konfuzius, chinesischer Philosoph (um 551 – 479 v. Chr.)

„Konferenzen sind Verschiebebahnhöfe ungelöster Probleme."
Alain Pryrefitte, französischer Politiker (1925 – 1999)

„Über manchen Besprechungsteilnehmer muss man sich fragen: Hilft er eigentlich bei der Lösung oder gehört er zum Problem?"
Robert Jungk, deutscher Publizist und Zukunftsforscher (geb. 1913)

„Zusammenkunft ist ein Anfang. Zusammenhalt ist ein Fortschritt. Zusammenarbeit ist der Erfolg."
Henry Ford, amerikanischer Industrieller (1863 – 1947)

„Vielleicht sollte man es zur Regel machen, auf jeder Sitzung als ersten Tagesordnungspunkt die Frage zu stellen: Brauchen wir diese Sitzung und wer von den Anwesenden kann von der Teilnahme befreit werden?"
Felix Dzierzynski, russischer Verwaltungskommissar (1877 – 1926)

„Ich benütze nicht nur das Gehirn, das ich besitze, sondern ich borge mir noch zusätzlich, was ich bekommen kann."
Thomas Woodrow Wilson, 28. US-Präsident (1856 – 1924)

„Den ganzen Tag mit anderen zusammenhocken, verantwortungslos reden und Dummheiten aushecken – mit solchen Leuten hat man es schwer."
Konfuzius, chinesischer Philosoph (um 551 – 479 v. Chr.)

„Halte kein 1000-Dollar-Meeting für ein 100-Dollar-Problem."
John M. Capozzi, amerikanischer Unternehmer und Autor

„Sachkenntnis ist das Letzte, was man für eine lebhafte Diskussion benötigt."
Pierre Augustin Caron de Beaumarchais, französischer Bühnenschriftsteller (1732 – 1799)

„Vielleicht ist die Hölle nichts als eine gewaltige Konferenz derer, die wenig oder nichts zu sagen haben, aber eine Ewigkeit dafür brauchen."
Dudley C. Stone, amerikanischer Topmanager

„Es ist eine große Torheit, allein weise sein zu wollen."
François de la Rochefoucauld, französischer Schriftsteller (1613 – 1680)

„Diskussionen haben lediglich diesen Wert: dass einem gute Gedanken hinterher einfallen."
Arno Schmidt, deutscher Schriftsteller (1914 – 1979)

„Keine große Idee ist je auf einer Konferenz geboren worden, aber viele dumme Gedanken sind dort gestorben."
F. Scott Fitzgerald, amerikanischer Schriftsteller (1896 – 1940)

„Schwierige Partner sind meist diejenigen, auf die man sich verlassen kann."
Edith Cresson, französische Politikerin (geb. 1934)

12. Veränderung und Fortschritt

„Die Menschheit ist zu weit vorwärts gegangen, um sich zurückzuwenden, und bewegt sich zu rasch, um anzuhalten."
Sir Winston Churchill, britischer Premierminister (1874 – 1965)

„Tausend Dinge bewegen sich vorwärts, neunhundertneunundneunzig zurück; das ist Fortschritt."
Henri-Frédéric Amiel, Schweizer Philosoph (1821 – 1881)

„Neue Leute dürfen nicht Bäume ausreißen, nur um zu sehen, ob die Wurzeln noch dran sind."
Henry Kissinger, amerikanischer Politiker (geb. 1923)

„Fortschritt nennt man den Vorgang, bei dem es durch angestrengte Arbeit schließlich gelingt, so wenig tun zu müssen, wie es die Naturvölker schon immer getan haben."
David Frost, amerikanischer Schriftsteller (geb. 1939)

„Erst wenn die Mutigen klug und die Klugen mutig geworden sind, wird das zu spüren sein, was irrtümlicherweise schon oft festgestellt worden ist: ein Fortschritt der Menschheit."
Erich Kästner, deutscher Schriftsteller (1899 – 1974)

„Es ist nicht gesagt, dass es besser wird, wenn es anders wird, wenn es aber besser werden soll, muss es anders werden."
Georg C. Lichtenberg, deutscher Physiker (1742 – 1799)

„Über der Veränderung liegt stets ein Hauch von Unbegreiflichkeit."
Carl Friedrich von Weizsäcker, deutscher Physiker und Philosoph (geb. 1912)

„Es gibt nichts Dauerhaftes außer der Veränderung."
Heraklit, griechischer Philosoph (um 540 – 480 v. Chr.)

„Der Fortschritt von Fluss zu Ozean ist weniger schnell als der von Mensch zu Irrtum."
Voltaire, französischer Philosoph (1694 – 1778)

„In einer sich so schnell verändernden Welt muss man selbst zu Veränderungen bereit sein. Wer nichts verändern will, wird am Ende auch all das verlieren, was er unbedingt bewahren möchte."
Gustav Heinemann, 3. deutscher Bundespräsident (1899 – 1976)

„Neue Ideen begeistern jene am meisten, die auch mit den alten nichts anzufangen wussten."
Karl Waggerl, österreichischer Schriftsteller (1897 – 1973)

„Fürchte dich nicht vor der langsamen Veränderung, fürchte dich nur vor dem Stehenbleiben."
Chinesisches Sprichwort

„Ich glaube nicht an Fortschritt, sondern an die Beharrlichkeit der menschlichen Dummheit."
Oscar Wilde, irischer Schriftsteller (1854 – 1900)

„Glücklich, wer mit den Verhältnissen zu brechen versteht, ehe sie ihn gebrochen haben."
Franz von Liszt, ungarischer Komponist (1811 – 1886)

„Selbstzufriedenheit ist der Sargdeckel jeden Fortschritts."
Philip Rosenthal, deutscher Unternehmer (geb.1916)

„Eines Tages wird man akzeptieren, dass Leben und Veränderung eins sind."
Shirley MacLaine, amerikanische Schauspielerin (geb. 1934)

13. Ziele und Visionen

„Der gerade Weg ist der kürzeste, aber es dauert am längsten, bis man auf ihm zum Ziele gelangt."
Georg Christoph Lichtenberg, deutscher Physiker (1742 – 1799)

„Viele sind hartnäckig in Bezug auf den einmal eingeschlagenen Weg, wenige in Bezug auf das Ziel."
Friedrich Nietzsche, deutscher Philosoph (1844 – 1900)

„Der Langsamste, der sein Ziel nicht aus den Augen verliert, geht noch immer geschwinder als jener, der ohne Ziele umherirrt."
Gotthold Ephraim Lessing, deutscher Schriftsteller und Philosoph (1729 – 1781)

„Visionen sind Strategien des Handelns. Das unterscheidet sie von Utopien. Zur Vision gehört Mut, Kraft und die Bereitschaft, sie zu verwirklichen."
Roman Herzog, deutscher Staatsrechtler und 6. Bundespräsident (geb. 1934)

„Nur indem man das Unerreichbare anstrebt, gelingt das Erreichbare. Nur mit dem Unmöglichen als Ziel gelingt das Mögliche."
Miguel de Unamuno y Jugo, spanischer Philosoph und Dichter (1864 – 1936)

„Wenn ein Kapitän nicht weiß, welches Ufer er ansteuern soll, dann ist kein Wind der richtige."
Seneca, römischer Politiker und Philosoph (um 4 v. Chr. – 65 n. Chr.)

„Der einzige wahre Realist ist der Visionär."
Frederico Fellini, italienischer Regisseur (1920 – 1993)

„Wer keine Vision hat, vermag weder große Hoffnungen zu erfüllen noch große Vorhaben zu verwirklichen."
Thomas Woodrow Wilson, 28. US-Präsident (1856 – 1924)

„Wer ans Ziel getragen wurde, darf nicht glauben, es erreicht zu haben."
Marie von Ebner-Eschenbach, österreichische Schriftstellerin (1830 – 1916)

„Wenn du ein Schiff bauen willst, dann trommle nicht Männer zusammen, um Holz zu beschaffen, Aufgaben zu vergeben und Arbeit einzuteilen, sondern lehre die Männer die Sehnsucht nach dem weiten unendlichen Meer."
Antoine de Saint-Exupéry, französischer Schriftsteller (1900 – 1944)

„Zu lohnenden Zielen gibt es keine Abkürzungen."
Beverly Sills, amerikanische Opernsängerin (geb. 1929)

„Vision ist die Kunst, Unsichtbares zu sehen."
Jonathan Swift, anglo-irischer Schriftsteller (1667 – 1745)

„Ein Mann ohne Ziel ist wie ein Pfeil ohne Spitze."
Sitting Bull, Häuptling der Dakota-Sioux (1831 – 1890)

„Die Schwierigkeiten, auf die wir stoßen, wenn wir ein Ziel zu erlangen trachten, sind der kürzeste Weg zu ihm."
Khalil Gibran, syrisch-amerikanischer Dichter und Maler (1883 – 1931)

„Achte darauf, dass du die richtigen Mittel wählst, dann wird sich das Ziel von selbst einstellen."
Mahatma Gandhi, indischer Politiker (1869 – 1948)

14. Ehe und Familie

„Der Zank in der Ehe ist die Schneedecke, unter der sich die Liebe warm hält."
Jean Paul, deutscher Dichter (1763 – 1825)

„Das Drama einer Ehe, das ist nicht die ganz große Erschütterung – das sind die vielen kleinen Irritationen, die sich summieren."
Liv Ullmann, norwegische Schauspielerin (geb. 1938)

„Ich merke wohl, im Ehestand muss man sich manchmal streiten, denn dadurch erfährt man was voneinander."
Johann Wolfgang von Goethe, deutscher Dichter (1749 – 1832)

„Eine Familie ist eine Vereinigung von Menschen, die nur in den seltensten Fällen zusammenpassen."
Elizabeth Taylor, englisch-amerikanische Schauspielerin (geb. 1929)

„Im ersten Ehejahr strebt der Mann die Vorherrschaft an. Im zweiten kämpft er um die Gleichberechtigung. Im dritten ringt er um die nackte Existenz."
George Bernahrd Shaw, anglo-irischer Dramatiker (1865 – 1950)

„Es ist leichter ein Land zu regieren, als eine Familie zu führen."
Chinesisches Sprichwort

„Für eine gute Ehe gibt es einen sehr einfachen Maßstab: Man ist dann glücklich verheiratet, wenn man lieber heimkommt als fortfährt."
Luise Ullrich, deutsche Schauspielerin (1910 – 1985)

„Der ideale Ehemann ist ein unbestätigtes Gerücht."
Brigitte Bardot, französische Schauspielerin (geb. 1934)

„Zur Ehe gehört schon ein bisschen mehr als Liebe."
Faye Dunaway, amerikanische Schauspielerin (geb. 1941)

„Die Familie ist in Ordnung, wenn man den Papagei unbesorgt verkaufen kann."
William Rogers, amerikanischer Humorist (1879 – 1935)

„Was Männer und Frauen im Himmel tun, wissen wir nicht.
Sicher ist nur, dass sie nicht heiraten."
Jonathan Swift, anglo-irischer Schriftsteller (1667 – 1745)

„Eine Ehe funktioniert am besten, wenn beide Partner ein bisschen unverheiratet bleiben."
Claudia Cardinale, italienische Schauspielerin (geb. 1938)

„Die Ehe ist und bleibt die wichtigste Entdeckungsreise, die der Mensch unternehmen kann."
Sören Kierkegaard, dänischer Philosoph (1813 – 1855)

„Das Einzige, was die Ehe heiligen kann, ist die Liebe, und die einzige echte Liebe ist die, die von Liebe geheiligt wird."
Leo Tolstoi, russischer Dichter und Philosoph (1828 – 1910)

„Die Ehe ist die interessanteste, schwerste und wichtigste Aufgabe im Leben"
Anne Morrow Lindbergh, amerikanische Schriftstellerin (geb. 1906)

„Die Ehe ist gegenseitige Freiheitsberaubung in beiderseitigem Einvernehmen."
Oscar Wilde, irischer Schriftsteller (1854 – 1900)

15. Eifersucht und Liebeskummer

„Wenn ein Mann will, dass ihm seine Frau zuhört, braucht er nur von einer anderen zu reden."
Liza Minelli, amerikanische Schauspielerin (geb. 1946)

„Dinge leicht wie Luft sind für die Eifersucht Beweis, so stark wie Bibelsprüche."
William Shakespeare, englischer Dichter und Schauspieler (1564 – 1616)

„Eifersucht ist wie Salz: ein bisschen davon würzt den Braten, aber zu viel macht ihn völlig ungenießbar."
Honoré de Balzac, französischer Philosoph (1799 – 1850)

„Die begründete wie die unbegründete Eifersucht vernichtet diejenige Würde, deren gute Liebe bedarf."
Gottfried Keller, Schweizer Dichter (1819 – 1890)

„Der Schmerz um Liebe wie die Liebe bleibt, unteilbar und unentbehrlich."
Johann Wolfgang von Goethe, deutscher Dichter (1749 – 1832)

„Der Schmerz der Eifersucht ist deshalb so bitter, weil die Eitelkeit sich gegen ihn sträubt."
Marie-Henri Beyle (Stendhal), französischer Schriftsteller (1783 – 1842)

„Die Eifersucht ist das größte aller Leiden und erweckt doch am wenigsten Mitleid in denen, die es verursachen."
François de la Rochefoucauld, französischer Schriftsteller (1613 – 1680)

„Eifersucht ist die Seele der Liebe."
Japanisches Sprichwort

„Liebeskummer ist wie ein Diamant, man muss ihn mit Fassung tragen."
Marcel Pagnol, französischer Regisseur (1895 – 1974)

„Es ist besser, sich Freude zu erobern, als sich seinem Kummer hinzugeben."
André Gide, französischer Schriftsteller (1869 – 1951)

„Liebeskummer ist ein stärkeres Gefühl als die Liebe selbst."
Roger Willemsen, deutscher Schriftsteller und Fernsehmoderator (geb. 1955)

„Eifersüchtig sein heißt, nicht an seiner Frau, sondern an sich selbst zweifeln."
Honoré de Balzac, französischer Philosoph (1799 – 1850)

„Wer nicht eifersüchtig ist, liebt nicht."
Alberto Sordi, italienischer Schauspieler (geb. 1920)

„Liebeskummer ist die schmerzhafte Vorfreude auf die wieder gewonnene Freiheit."
Robert Lembke, deutscher Fernsehmoderator (1913 – 1989)

„Eifersucht enthält mehr Eigenliebe als Liebe."
François de la Rochefoucauld, französischer Schriftsteller (1613 – 1680)

„Wer dazu neigt, vor Liebeskummer aus dem Fenster zu springen, sollte nur im Parterre wohnen."
Alberto Sordi, italienischer Schauspieler (geb. 1920)

„Eifersucht ist die Angst vor dem Vergleich."
Max Frisch, Schweizer Dramatiker (1911 – 1991)

16. Flirten

„Flirten ist die Kunst, einer Frau in die Arme zu sinken, ohne ihr in die Hände zu fallen."
Sacha Guitry, französischer Dramatiker (1885 – 1957)

„Ein Flirt ist wie eine Tablette: Niemand kann die Nebenwirkungen genau vorhersagen."
Cathérine Deneuve, französische Schauspielerin (geb. 1943)

„Flirts sind Spinnenweben zwischen einem Maskulinum und einem Femininum, auf denen ein Sonnenstrahl tanzt."
Thaddäus Troll, deutscher Schriftsteller (1914 – 1980)

„Der Flirt ist ein Spiel, bei dem man nicht weiß, ob man noch in der Qualifikation ist oder schon im Finale."
Ernst Stankovski, österreichischer Schauspieler (geb. 1928)

„Solange man einer Frau hinterherläuft, hat man nichts zu befürchten. Gefährlich wird es erst, wenn man sie eingeholt hat."
Burt Lancaster, amerikanischer Schauspieler (1913 – 1994)

„Ein Flirt ist der Versuch, mit dem Feuer zu spielen, ohne welches zu fangen."
Maria Perschy, österreichische Schauspielerin (geb. 1938)

„Ein Flirt ohne tiefere Absicht ist ungefähr so sinnvoll wie ein Fahrplan ohne Eisenbahn."
Marcello Mastroiani, italienischer Schauspieler (1924 – 1996)

„Beim Flirten laufen nicht selten Männer einer Frau nach, die längst hinter ihnen her ist."
Sidonie Gabrielle Colette, französische Schriftstellerin (1873 – 1954)

„Amors Streifschüsse nennt man Flirt."
Georg Thomalla, deutscher Schauspieler (1915 – 1999)

„Flirtende Ehemänner am Strand sind keine Gefahr, denn sie schaffen es nicht lange, den Bauch einzuziehen."
Heidi Kabel, deutsche Schauspielerin (geb. 1914)

„Beim Flirten kommt es darauf an, eher die Notbremse zu ziehen als die Konsequenzen."
Demi Moore, amerikanische Schauspielerin (geb. 1962)

„Wenn Hirsche im Wald um ein besonders attraktives Reh kämpfen, erzeugen sie nicht zufällig einen Lärm, der an das Aufheulen von Automotoren vor einer Diskothek erinnert."
Wolfgang Körner, deutscher Schriftsteller (geb. 1937)

„Der Flirt ist ein Wettlauf, bei dem man gewonnen hat, wenn man eingeholt worden ist."
Jeanne Moreau, französische Schauspielerin und Regisseurin (geb. 1928)

„Flirt ist das Aquarell der Liebe."
Paul Bourget, französischer Schriftsteller (1852 – 1935)

„Bei einem Flirt erprobt die Frau ihre Unwiderstehlichkeit. Der Mann sollte seine Widerstandskraft testen."
Aristoteles „Telly" Savalas, amerikanischer Schauspieler (1924 – 1994)

„Flirt ist das Training mit dem Unrichtigen für den Richtigen."
Senta Berger, österreichische Schauspielerin (geb. 1941)

„Das Schwierige am Flirt ist nicht der Anfang, sondern das Ende."
Hans Clarin, deutscher Schauspieler und Synchronsprecher (geb. 1929)

17. Freund und Feind

„Freunde sind Gottes Entschuldigung für Verwandte."
George Bernhard Shaw, anglo-irischer Dramatiker (1865 – 1950)

„Der einzige Weg, einen Freund zu haben, ist der, selbst ein solcher zu sein."
Ralph Waldo Emerson, amerikanischer Schriftsteller und Philosoph (1803 – 1882)

„Nicht nur Freunde, auch die Feinde eines Mannes haben Anteil an seiner Unsterblichkeit."
Albert Einstein, deutscher Physiker (1879 – 1955)

„Wenn ich's recht verstehe, ist in jedem ‚Liebet eure Feinde' doch auch ein ‚Hasset eure Freunde' enthalten."
Edgar Allan Poe, amerikanischer Schriftsteller (1809 – 1849)

„Anteilnehmende Freundschaft macht das Glück strahlender und erleichtert das Unglück."
Marcus Tullius Cicero, römischer Staatsmann und Redner (106 – 43 v. Chr.)

„Wer einen Feind umarmt, macht ihn bewegungsunfähig."
Unbekannt

„Jeder hat seinen Lieblingsfeind. Ohne ihn wäre unser Glück nicht vollkommen."
Le Corbusier, schweizerisch-französischer Architekt (1887 – 1965)

„Unseren Feinden haben wir viel zu verdanken. Sie verhindern, dass wir uns auf die faule Haut legen."
Thornton Wilder, amerikanischer Schriftsteller (1897 – 1975)

„Die eigentliche Aufgabe eines Freundes ist, dir beizustehen, wenn du im Unrecht bist. Jedermann ist auf deiner Seite, wenn du im Recht bist."
Mark Twain, amerikanischer Schriftsteller (1835 – 1910)

„Wenn du einem Freund fünf Dollar borgst und er lässt sich nie wieder bei dir sehen, ist das Geld gut angelegt."
Paul Getty, amerikanischer Industrieller (1892 – 1976)

„Ein Freund ist einer, vor dem ich laut denken darf."
Ralph Waldo Emerson, amerikanischer Schriftsteller und Philosoph (1803 – 1882)

„Vergib deinen Feinden, aber vergiss niemals ihren Namen."
John F. Kennedy, 35. US-Präsident (1917 – 1963)

„Wo befreundete Wege zusammenlaufen, da sieht die ganze Welt für eine Stunde wie Heimat aus."
Hermann Hesse, deutscher Dichter und Nobelpreisträger (1877 – 1962)

„Auch wenn der Weise dein Feind ist, mach den Dummen nie zu deinem Freund."
Japanisches Sprichwort

„Ehe man anfängt seine Feinde zu lieben, sollte man seine Freunde besser behandeln."
Mark Twain, amerikanischer Schriftsteller (1835 – 1910)

„Die Freunde nennen sich aufrichtig, die Feinde sind es."
Arthur Schopenhauer, deutscher Philosoph (1788 – 1860)

„Ein wahrer Freund ist der, der deine Hand nimmt, aber dein Herz berührt."
Gabriel Garcia Márquez, kolumbianischer Schriftsteller und Nobelpreisträger (geb. 1928)

18. Gleich-berechtigung

„Insgeheim wissen alle klugen Frauen, dass echte Gleichberechtigung mit dem Mann ein Zustand wäre, bei dem sie mehr verlieren als gewinnen würden."
Anna Moffo, italienische Opernsängerin (geb. 1930)

„Die Frau wird erst an dem Tag gleichberechtigt sein, an dem man auf einen bedeutenden Posten eine inkompetente Frau beruft."
Françoise Giroud, französische Publizistin

„Alle Menschen sind gleich; nicht die Geburt, nur die Tüchtigkeit macht einen Unterschied."
Voltaire, französischer Schriftsteller und Philosoph (1694 – 1778)

„Wenn die Frau heute nur die Gleichberechtigung anstrebt und nichts weiter, ist das ein Zeichen, dass sie dem Mann seine jahrhundertelange Vorherrschaft verziehen hat."
Henry Miller, amerikanischer Schriftsteller (1891 – 1980)

„Ich kann die Stelle in der Bibel einfach nicht finden, in der Gott der Frau die Gleichberechtigung abspricht."
Sarah Moore Grimké, amerikanische Frauenrechtlerin (1792 – 1873)

„Zu einem 400-Meter-Lauf treten ein Mann und eine Frau an. Der Mann mit zwanzig Metern Vorsprung und im sportlichen Outfit. Die Frau mit Rucksack, aus dem zwei Kinder gucken, und vor ihr mehrere Hürden. Da ist die Frage, wer schneller ist, müßig."
Regine Hildebrandt, deutsche Politikerin (1941 – 2001)

„Gleichberechtigung zwischen Mann und Frau ist nur möglich, wenn die Frau sich unterordnet."
Marcus Valerius Martialis, römischer Dichter (um 38 – 100)

„Die Frauen müssen lernen, dass man Macht nicht geschenkt bekommt. Man nimmt sie sich einfach."
Roseanne Barr, amerikanische Schauspielerin (geb. 1952)

„Doch die weiblichen Pioniere müssen zehnmal besser sein als jeder Mann. Vielleicht gründen wir ja eines Tages ein 'Old Girls Network'."
Jodie Foster, amerikanische Schauspielerin (geb. 1962)

„Damit die Liebe alles, was sie dem menschlichen Herzen sein kann, hervorbringt, muss zwischen der Geliebten und ihrem Liebhaber soweit als möglich Gleichberechtigung erreicht werden. Diese Gleichberechtigung kennt man in unserem kläglichen Abendlande nicht."
Marie-Henri Beyle (Stendhal), französischer Schriftsteller (1783 – 1842)

„Wenn alle Menschen frei geboren sind, wie kommt es dann, dass alle Frauen in die Sklaverei geboren wurden?"
Mary Astell, englische Schriftstellerin (1666 – 1731)

„Das Problem der Gleichberechtigung zwischen Mann und Frau liegt darin, dass die Frauen ein bisschen gleichberechtigter sein möchten als die Männer."
Sir Peter Ustinov, englischer Schauspieler (geb. 1921)

„Eine Frau, die Ziele hat, wird ‚Emanze' genannt, während ein Mann, der Ziele hat, den Erwartungen entspricht."
Toni Morrison, amerikanische Schriftstellerin und Nobelpreisträgerin (geb. 1931)

19. Liebe

„Wir sind sterblich, wo wir lieblos sind; unsterblich, wo wir lieben."
Karl Jaspers, deutscher Philosoph (1883 – 1969)

„Liebe ist die stärkste Macht der Welt und doch ist sie die demütigste, die man sich vorstellen kann."
Mahatma Gandhi, indischer Politiker (1869 – 1948)

„Nur durch die Liebe und den Tod berührt der Mensch das Unendliche."
Alexandre Dumas, französischer Schriftsteller (1824 – 1895)

„Liebe ist die Fähigkeit und Bereitschaft, den Menschen, an denen uns gelegen ist, die Freiheit zu lassen, zu sein, was sie wollen, gleichgültig ob wir uns damit identifizieren können oder nicht."
George Bernhard Shaw, anglo-irischer Dramatiker (1865 – 1950)

„Viele Männer benehmen sich in der Liebe wie in einem Restaurant. Sie bestellen nach der Karte und wenn sie das Gewünschte haben, schielen sie auf den Nachbarn, was der auf dem Teller hat."
Leslie Caron, französische Schauspielerin (geb. 1931)

„Die Liebe ist der Triumph der Einbildungskraft über die Intelligenz."
Henry Louis Mencken, amerikanischer Journalist und Schriftsteller (1880 – 1956)

„Die Liebe ist so unproblematisch wie ein Fahrzeug. Problematisch sind nur die Lenker, die Fahrgäste und die Straße."
Franz Kafka, österreichischer Schriftsteller (1883 – 1924)

„Die Erfahrung lehrt uns, dass Liebe nicht darin besteht, dass man einander ansieht, sondern dass man gemeinsam in gleicher Richtung blickt."
Antoine de Saint-Exupéry, französischer Schriftsteller (1900 – 1944)

„Die Engel nennen es Himmelsfreud, die Teufel nennen es Höllenleid, die Menschen nennen es Liebe."
Heinrich Heine, deutscher Dichter (1797 – 1856)

„Nichts ist so hart und ehern, dass es nicht durch die Glut der Liebe bezwungen werden könnte."
Augustinus, lateinischer Kirchenlehrer (354 – 430)

„Es bleibt zwischen Menschen, sie seien noch so eng verbunden, immer ein Abgrund offen, den nur die Liebe, und auch die nur mit einem Notsteg, überbrücken kann."
Hermann Hesse, deutscher Schriftsteller (1877 – 1962)

„Niemals sind wir ungeschützter gegen das Leid, als wenn wir lieben."
Sigmund Freud, österreichischer Psychoanalytiker (1856 – 1939)

„Der geliebte Mensch scheint dort zu stehen, wo sonst etwas fehlt."
Robert Musil, österreichischer Schriftsteller (1880 – 1942)

„Die Liebe besteht zu drei Viertel aus Neugier."
Giacomo Casanova, italienischer Abenteurer und Schriftsteller (1725 – 1798)

„Wahre Liebe ist selbstlos und ohne Begierde."
Chinesisches Sprichwort

20. Männer und Frauen

„Ein kluger Mann widerspricht nie einer Frau. Er wartet, bis sie es selber tut."
Humphrey Bogart, amerikanischer Schauspieler (1899 – 1957)

„Die Männer sind zweifellos dümmer als die Frauen. Oder hat man jemals gehört, dass eine Frau einen Mann nur wegen seiner hübschen Beine geheiratet hat?"
Micheline Presle, französische Schauspielerin (geb. 1922)

„Eine Sache, die mich die Politik gelehrt hat, ist, dass Männer weder ein vom Verstand gelenktes noch ein verständliches Geschlecht sind."
Margaret Thatcher, englische Premierministerin (geb. 1925)

„Wenn Frauen unergründlich scheinen, dann liegt es am fehlenden Tiefgang der Männer."
Katherine Hepburn, amerikanische Schauspielerin (1907 – 2003)

„Für das Wohlbefinden von Frauen sind bewundernde Männerblicke wichtiger als Kalorien und Medikamente."
Françoise Sagan, französische Schriftstellerin (1935)

„Ohne Frauen geht es nicht. Das hat sogar Gott einsehen müssen."
Eleonora Duse, italienische Schauspielerin (1858 – 1924)

„Frauen sind nicht etwa die besseren Menschen; sie hatten bisher nur nicht so viel Gelegenheit, sich die Hände schmutzig zu machen."
Alice Schwarzer, deutsche Journalistin (geb. 1942)

„Wenn Männer sich mit ihrem Kopf beschäftigen, nennt man das ‚denken'. Wenn Frauen das tun, heißt das ‚frisieren'."
Anna Magnani, italienische Schauspielerin (1908 – 1973)

„Das Ärgerliche an manchen Frauen ist, dass sie sich wegen nichts aufregen – und ihn dann gleich heiraten."
Cher, amerikanische Schauspielerin (geb. 1946)

„Vermutlich hat Gott die Frau erschaffen, um den Mann kleinzukriegen."
Voltaire, französischer Schriftsteller und Philosoph (1694 – 1778)

„Männer, die behaupten, sie seien die uneingeschränkten Herrscher im Haus, lügen auch bei anderer Gelegenheit."
Mark Twain, amerikanischer Schriftsteller (1835 – 1910)

„Zwei Dinge wird ein Mann niemals verstehen: das Geheimnis der Schöpfung und den Hut einer Frau."
Coco Chanel, französische Modeschöpferin (1883 – 1971)

„Mit der Eitelkeit eines Mannes kämen zehn Frauen aus."
Dunja Rajter, kroatische Sängerin (geb. 1946)

„Ich kann in zwölf Sprachen nein sagen – das genügt für eine Frau."
Sophia Loren, italienische Schauspielerin (geb. 1934)

„Wenn Männer Babys kriegen müssten, hätte jeder höchstens eines."
Lady Diana, Princess of Wales (1961 – 1999)

„Wenn ein Mann seine Meinung äußert, ist er ein Mann. Wenn eine Frau dasselbe tut, ist sie ein Miststück."
Bette Davis, amerikanische Schauspielerin (1908 – 1989)

21. Romantik und Erotik

„Weibliche Nacktheit muss man den Männern mit dem Teelöffel geben, nicht mit der Schöpfkelle."
Coco Chanel, französische Modeschöpferin (1883 – 1971)

„Romantik ist die innere Veranlagung, Dinge zu sehen, die es nicht gibt."
Sandra Paretti, deutsche Schriftstellerin (1936 – 1994)

„Die Erotik ist sozialisierte Sexualität."
Octavio Paz, mexikanischer Schriftsteller und Nobelpreisträger (1914 – 1998)

„Jeder Mann sollte mindestens einmal im Leben die Zunge eines anderen Mannes im Mund gehabt haben. Nur dann kann er mitreden."
Madonna, amerikanische Sängerin (geb. 1958)

„Mit dem nackten Körper stets den Begriff der Erotik zu verbinden, das ist ungefähr so intelligent, wie beim Mund stets ans Essen zu denken."
Kurt Tucholsky, deutscher Journalist (1890 – 1935)

„Ich bin der Überzeugung, dass es kaum jemanden gibt, dessen Intimleben die Welt nicht in Staunen und Horror versetzte, wenn es über das Radio gesendet werden würde."
William Somerset Maugham, englischer Schriftsteller (1874 – 1965)

„Warum soll ich mich schämen, Körperteile zu benennen, die zu erschaffen Gott sich nicht geschämt hat?"
Bischof Klemens von Alexandrien (ca. 140 – 215)

„Guter Sex ist wie eine gute Partie Bridge: Wenn man keinen guten Partner hat, sollte man eine gute Hand haben."
Mae West, amerikanische Schauspielerin (1893 – 1980)

„Das Wesen der Romantik ist die Ungewissheit."
Oscar Wilde, irischer Schriftsteller (1854 – 1900)

„Ich weiß, dass das Aufknöpfen einer Bluse einer jenen furchtbaren Augenblicke ist, der der Einbildungskraft freies Spiel lässt, dann aber das Erwartete mit dem Gesehenen konfrontiert."
Gotthold Ephraim Lessing, deutscher Schriftsteller und Philosoph (1729 – 1781)

„In sexuellen Dingen verwechseln viele das Stimmen der Instrumente mit dem Konzert."
Henry Miller, amerikanischer Dramatiker (1891 – 1980)

„Eine der erogensten Zonen der Frau ist ihre Intelligenz."
Shirley MacLaine, amerikanische Schauspielerin (geb. 1934)

„Der Irrtum mancher Frauen liegt darin, dass sie ihren Mangel an Sex-Appeal mit Tugendhaftigkeit verwechseln."
Raquel Welch, amerikanische Schauspielerin (geb. 1940)

„Es gibt keine erotische Beziehung, in der von den Liebenden die Wahrheit nicht immer gefühlt und nicht immer wieder jede Lüge geglaubt wird."
Arthur Schnitzler, österreichischer Dramatiker (1862 – 1931)

„Sex ist das der Glückseligkeit Verwandteste."
John Updike, amerikanischer Schriftsteller (geb. 1932)

„Wenn man 35 ist, kann Sex doch kein Thema mehr sein. Er ist ein Spielzeug für junge Leute."
Karl Lagerfeld, deutsch-französischer Modemacher (geb. 1938)

22. Singles

„Eine Frau, die einen Ehemann sucht, ist das gewissenloseste aller Raubtiere."
George Bernhard Shaw, anglo-irischer Schriftsteller (1856 – 1950)

„Junggesellen sind Männer, die Austern lieben, aber noch nie eine Perle fanden."
Ava Gardner, amerikanische Schauspielerin (1922 – 1990)

„Es ist eine allgemein anerkannte Tatsache, dass ein alleinstehender Mann im Besitz eines ansehnlichen Vermögens nichts dringender bedarf als einer Frau."
Jane Austin, britische Schriftstellerin (1775 – 1817)

„Ein Junggeselle ist ein Mann, der sein Ziel erreicht, ohne dort zu verweilen."
Alberto Sordi, italienischer Schauspieler (geb. 1920)

„Singles sind ein Wild, für das es keine Schonzeit gibt."
Sir Peter Ustinov, englischer Schauspieler (geb. 1921)

„Junggesellen sind Männer, die sich zuallererst über den Notausgang informieren."
Richard Attenborough, englischer Schauspieler (geb. 1923)

„Ein Junggeselle ist ein Mann, der nicht gleich eine Farm kauft, wenn er ein Hühnerei braucht."
Peter Frankenfeld, deutscher Fernsehunterhalter (1913 – 1979)

„Junggesellen sollten hohe Steuern zahlen. Es ist nicht gerecht, dass einige Männer glücklicher sein sollen als andere."
Oscar Wilde, irischer Schriftsteller (1854 – 1900)

„Ein Junggeselle ist ein Mann, der lieber Socken stopft als Mäuler."
Mario Adorf, deutscher Schauspieler (geb. 1930)

„Die meisten Frauen, die auf den richtigen Mann warten, amüsieren sich inzwischen ganz gut mit dem falschen."
Norman Mailer, amerikanischer Schriftsteller (geb. 1923)

„Junggesellen sind für Frauen so etwas wie Feldherren, die noch keine Schlacht verloren haben."
Maurice Chevalier, französischer Schauspieler (1888 – 1972)

„Manche kluge Frau ist nur deshalb allein, weil sie es nicht verstanden hat, ihre Klugheit zu verbergen."
Daphne du Maurier, englische Schriftstellerin (1907 – 1989)

„Junggesellen sind Männer, die den Atem anhalten, wenn sie um die Hand eines Mädchens anhalten sollen."
Billy Wilder, amerikanischer Regisseur (1906 – 2002)

„Junggesellen wissen mehr über Frauen als Ehemänner. Wenn das nicht so wäre, wären sie auch verheiratet."
Robert Lembke, deutscher Fernsehmoderator (1913 – 1989)

„Es wird angenommen, dass eine Frau regungslos verharrt, bis sie umworben wird. So wartet die Spinne auf die Fliege."
George Bernhard Shaw, anglo-irischer Schriftsteller (1856 – 1950)

„Junggesellen sind Männer, die lieber suchen als finden."
Catharina Valente, deutsche Sängerin und Schauspielerin (geb. 1931)

„Ich denke – darum bin ich Single."
Liz Winstead, amerikanische Satirikerin und Fernsehproduzentin (geb. 1961)

23. Treue und Untreue

„Es sind nicht die dümmsten Frauen, die sich für eine Untreue des Mannes durch bedingungslose Treue rächen."
Alec Guiness, englischer Schauspieler (1914 – 2000)

„Wer aus Liebe närrisch wird, der wäre es früher oder später auch ohne Liebe geworden."
Gotthold Ephraim Lessing, deutscher Schriftsteller und Philosoph (1729 – 1781)

„Treu bis in den Tod sind nur die Dummköpfe. Die Treue hat ihre Grenze im Verstand."
Charles Maurice de Talleyrand, französischer Bischof und Staatsmann (1754 – 1838)

„Die Treue eines Tieres würde uns nicht rühren, wenn die Treue unter Menschen häufiger wäre."
Sigmund Graff, deutscher Dramatiker (1898 – 1979)

„Fast jede Freu wäre gern treu. Schwierig ist bloß, den Mann zu finden, dem man treu sein kann."
Marlene Dietrich, deutsche Sängerin und Schauspielerin (1901 – 1992)

„Wer treu ist, kennt nur die triviale Seite der Liebe. Nur die Treulosen kennen ihre Tragödien."
Oscar Wilde, irischer Schriftsteller (1854 – 1900)

„Im Zusammenhang zweier Menschen gibt es Schlimmeres als Treuebruch. Zum Beispiel Gleichgültigkeit, Humorlosigkeit, Monotonie, Bosheit, Taktlosigkeit und Intoleranz."
Lilli Palmer, deutsch-englische Schauspielerin (1914 – 1986)

„Die wahre Liebe ist keiner Untreue fähig."
Bettina von Arnim, deutsche Dichterin (1785 – 1859)

„Wenn Treue nicht ein Gegengeschenk ist, dann ist sie die törichtste aller Verschwendungen."
Arthur Schnitzler, österreichischer Dramatiker (1862 – 1931)

„Treue ist erst ein Problem, wenn man nicht mehr liebt."
Esther Vilar, deutsche Schriftstellerin (geb. 1935)

„Kein Zweifel, der Hund ist treu. Aber sollen wir uns deshalb ein Beispiel an ihm nehmen? Er ist doch dem Menschen treu und nicht dem Hund."
Oscar Wilde, irischer Schriftsteller (1854 – 1900)

„Lieber für Loyalität gehängt als für Verrat belohnt werden."
Wladimir Putin, russischer Staatspräsident (geb. 1952)

„Manchmal hängen wir an einer Frau mehr wegen der Untreue, die wir ihr antun, als wegen der Treue, die sie uns hält."
Alexandre Dumas, französischer Schriftsteller (1824 – 1895)

„Treulos ist, wer ‚Lebewohl' sagt, wenn die Straße dunkel wird."
J. R. R. Tolkien, englischer Schriftsteller (1892 – 1973)

„Es gibt Menschen, die betrügen ihren Partner und bemerken dabei gar nicht, um was sie sich selbst betrügen, nämlich um echte Gefühle und wahre Werte.
Rose von der Au, deutsche Lyrikerin (geb. 1953)

„Erst in einer Zeit der Unruhe kann man Treue erkennen."
Konfuzius, chinesischer Philosoph (um 551 – 479 v. Chr.)

„Liebe ist ein Edelstein, Treue das Gold, das ihn einfasst."
Zenta Maurina, lettische Schriftstellerin (1897 – 1978)

24. Alter und Jugend

„Wer sich übt im Staunen-Können, im Sich-freuen-Können, wird auch im hohen Alter noch frisch sein."
Platon, griechischer Philosoph (um 428 – 348 v. Chr.)

„Vom Standpunkt der Jugend aus gesehen ist das Leben eine unendlich lange Zukunft; vom Standpunkt des Alters aus eine sehr kurze Vergangenheit."
Arthur Schopenhauer, deutscher Philosoph (1788 – 1860)

„Es ist ein Merkmal gesetzten Alters, wenn man von zwei Versuchungen jene wählt, die es erlaubt, um neun Uhr wieder zu Hause zu sein."
Ronald Reagan, 40. US-Präsident (geb. 1911)

„Wenn wir alles an uns so lassen, wie es ist, altern wir am schönsten."
Erika Pluhar, österreichische Schauspielerin (geb. 1939)

„Niemand wird alt, weil er eine bestimmte Anzahl von Jahren gelebt hat. Menschen werden alt, wenn sie ihre Ideale verraten."
Albert Schweitzer, deutscher Arzt und Nobelpreisträger (1875 – 1965)

„Für mich sind ‚die Alten' immer die, die fünfzehn Jahre älter als ich selbst sind."
Bernhard M. Baruch, amerikanischer Unternehmer und Politiker (1870 – 1965)

„Wie alt man geworden ist, sieht man an den Gesichtern derer, die man jung gekannt hat."
Heinrich Böll, deutscher Schriftsteller und Nobelpreisträger (1917 – 1985)

„Kein kluger Mensch hat jemals gewünscht, jünger zu sein."
Jonathan Swift, anglo-irischer Schriftsteller (1667 – 1745)

„Junge Leute leiden weniger unter den eigenen Fehlern als unter der Weisheit der Alten."
Luc de Vauvenargues, französischer Schriftsteller (1715 – 1747)

„Du weißt, dass du alt wirst, wenn die Kerzen mehr kosten als der Kuchen."
Bob Hope, amerikanischer Entertainer (geb. 1903)

„Viele junge Leute ereifern sich über Anschauungen, die sie in 20 Jahren haben werden."
Jean-Paul Sartre, französischer Philosoph (1905 – 1980)

„Das Fieber der Jugend hält den Rest der Welt auf Normaltemperatur."
Georges Bernanos, französischer Schriftsteller (1888 – 1948)

„Keine Kunst ist es, alt zu werden, es ist eine Kunst, es zu ertragen."
Johann Wolfgang von Goethe, deutscher Dichter (1749 – 1832)

„Man kann mit sechzig immer noch so jung sein wie mit fünfzig, aber nur noch zwei Stunden täglich."
Danny Kaye, amerikanischer Schauspieler (1913 – 1987)

„Der Vorteil des schlechten Gedächtnisses ist, dass man dieselben guten Dinge mehrere Male zum ersten Male genießt."
Friedrich Nietzsche, deutscher Philosoph (1844 – 1900)

„Der größte Fehler, den die Jugend von heute hat, ist der, dass man nicht mehr zu ihr gehört."
Salvador Dali, spanischer Maler (1904 – 1989)

25. Essen und Trinken

„Es gibt keine aufrichtigere Liebe als die zum Essen."
George Bernhard Shaw, anglo-irischer Dramatiker (1865–1950)

„Der Wein wandelt den Maulwurf zum Adler."
Charles Baudelaire, französischer Dichter (1821–1867)

„Viele Menschen haben das Essen verlernt – sie können nur noch schlucken."
Paul Bocuse, französischer Meisterkoch (geb. 1926)

„Ohne gutes Essen, guten Wein und gute Freunde kann man nicht feiern."
Vico von Bülow (Loriot), deutscher Satiriker (geb. 1923)

„Es gibt niemanden, der nicht isst und trinkt, aber nur wenige, die den Geschmack zu schätzen wissen."
Konfuzius, chinesischer Philosoph (um 551–479 v. Chr.)

„Kaffee sollte sein: schwarz wie die Hölle, stark wie der Tod und süß wie die Liebe."
Türkisches Sprichwort

„Unglaublich, wie rasch ein schlechtes Essen einen guten Menschen verändern kann."
Ernst R. Hauschka, deutscher Aphoristiker (geb. 1926)

„Eher muss man darauf achten, mit wem man isst und trinkt, als was man isst und trinkt. Ohne Gesellschaft ist das Essen wie das Abfüttern eines Löwen oder eines Wolfes."
Seneca, römischer Philosoph (um 4 v. Chr.–65 n. Chr.)

„Wer nicht am Trinken Freude hat, der ist ein Narr."
Euripides, griechischer Dichter (um 480 – 406 v. Chr.)

„In der Völlerei steckt eine Zwecklosigkeit, eine Freiheit
– man isst nicht, um sich am Leben zu erhalten, man isst,
um zu bersten, um aus den Nähten zu platzen – auch eine
Art sich umzubringen."
Eugène Ionesco, französischer Dramatiker (1909 – 1994)

„Zu viel kann man wohl trinken, doch nie trinkt man genug."
Gotthold Ephraim Lessing, deutscher Schriftsteller und Philosoph (1729 – 1781)

„Nach einem trefflichen Mittagessen ist man geneigt, alles
zu verzeihen."
Oskar Wilde, irischer Schriftsteller (1854 – 1900)

„Der Mensch ist, was er isst."
Paracelsus, Schweizer Arzt und Naturforscher (1493 – 1541)

„Wenn ihr gegessen und getrunken habt, seid ihr wie neu
geboren; seid stärker, mutiger, geschickter zu eurem Geschäft."
Johann Wolfgang von Goethe, deutscher Dichter (1749 –
1832)

„Die Seele des Feinschmeckers ist mit seinem Gaumen identisch."
Jean-Jacques Rousseau, französischer Philosoph (1712 –
1778)

„Der erste Trunk über den Durst macht ihn zum Narren, der
zweite toll und der dritte ersäuft ihn."
William Shakespeare, englischer Dichter und Schauspieler
(1564 – 1616)

26. Freude und Traurigkeit

„Wer Freude genießen will, muss sie teilen. Das Glück wurde als Zwilling geboren."
Lord Byron, englischer Schriftsteller (1788 – 1824)

„Wer ohne Grund traurig ist, hat Grund, traurig zu sein."
Françoise Sagan, französische Schriftstellerin (geb. 1935)

„Die schönste Freude erlebt man immer da, wo man sie am wenigsten erwartet hat."
Antoine de Saint-Exupéry, französischer Schriftsteller (1900 – 1944)

„Wenn du Tränen vergießt, weil du die Sonne nicht siehst, siehst du auch die Sterne nicht."
Rabindranath Tagore, indisch-bengalischer Dichter und Nobelpreisträger (1861 – 1941)

„Freude ist ein reiner Äther, worin alle Sphärentöne klingen und fliegen können."
Vincenz von Paul, französischer Pfarrer und Gründer der katholischen Caritas (1581 – 1660)

„Freude ist das Leben durch einen Sonnenstrahl gesehen."
Carmen Sylva, Pseudonym von Königin Elisabeth von Rumänien (1843 – 1916)

„Das Leben ist ein Kampf, lebe ihn. Das Leben ist Freude, koste sie. Das Leben ist ein Versprechen, halte es. Das Leben ist auch Traurigkeit, überwinde sie."
Mutter Teresa, indische Ordensschwester und Nobelpreisträgerin (1910 – 1997)

„Freude lässt sich nur voll auskosten, wenn sich ein anderer mitfreut."
Mark Twain, amerikanischer Schriftsteller (1835 – 1910)

„Wir wundern uns zu sehr über das, was wir selten sehen, und nicht genug über das, was wir täglich vor Augen haben."
Madame de Genlis, französische Schriftstellerin (1746 – 1830)

„Ein Tag des Kummers ist länger als ein Tag der Freude."
Chinesisches Sprichwort

„Wie viel Freuden werden zertreten, weil die Menschen meist nur in die Höhe gucken und was zu ihren Füßen liegt, nicht achten."
Johann Wolfgang von Goethe, deutscher Dichter (1749 – 1832)

„Der Mensch ist für die Freude geboren."
Blaise Pascal, französischer Philosoph (1623 – 1662)

„Im Leben streben die Menschen mehr danach, Schmerzen zu vermeiden, als Freude zu gewinnen."
Sigmund Freud, österreichischer Psychoanalytiker (1856 – 1939)

„Traurigkeit ist etwas Natürliches. Es ist wohl ein Atemholen zur Freude, ein Vorbereiten der Seele dazu."
Paula Modersohn-Becker, deutsche Malerin (1876 – 1907)

„Die Trauer ist ein Vogel mit verwundeten Flügeln."
Rose Ausländer, deutsche Lyrikerin (1907 – 1988)

„Kein Mensch kann, ehe er den Frieden erlebt hat, behaupten, er wisse wirklich, was Freude ist."
Henry Miller, amerikanischer Schriftsteller (1891 – 1980)

27. Gesundheit und Krankheit

„Die größte Behinderung des Lebens liegt darin, ständig auf seine Gesundheit zu achten."
Platon, griechischer Philosoph (um 427 – 348 v. Chr.)

„Wenn man Probleme mit der Gesundheit hat, ist es am besten, sich einzureden, man sei gesund."
Hermann Hesse, deutsch-schweizerischer Schriftsteller (1877 – 1962)

„In der ersten Hälfte unseres Lebens opfern wir unsere Gesundheit, um Geld zu verdienen, in der zweiten Hälfte opfern wir unser Geld, um die Gesundheit wiederzuerlangen."
Voltaire, französischer Schriftsteller (1694 – 1778)

„Es gibt nicht Kranke und Gesunde, sondern es gibt nur Untersuchte und Nichtuntersuchte."
Johannes Rau, 8. deutscher Bundespräsident (geb. 1931)

„Die größte Krankheit ist es heute, ungewollt, ungeliebt, allein gelassen zu sein, ein Abschaum der Gesellschaft."
Mutter Teresa, indische Ordensschwester (1910 – 1997)

„Mir ist es piepegal, ob Salz schlecht für mich ist, Butter, Wein oder Frauen. Das Leben ist eine unheilbare Krankheit. Alles ist schlecht für einen."
George Tabori, deutsch-englischer Schriftsteller und Theaterleiter ungarischer Herkunft (geb. 1914)

„Die gefährlichsten Herzkrankheiten sind immer noch Neid, Hass und Geiz."
Pearl S. Buck, amerikanische Schriftstellerin (1892 – 1973)

„Im Maße liegt die Ordnung. Jedes Zuviel oder Zuwenig setzt anstelle von Gesundheit die Krankheit."
Sebastian Kneipp, deutscher Naturheilkundler und Theologe (1821 – 1897)

„Die Krankheiten, unter denen wir leiden, sind nicht unheilbar, und uns, die wir zum Rechten geboren, hilft die Natur selbst, wenn wir die Heilung nur wollen."
Seneca, römischer Philosoph (um 4 v. Chr. – 65 n. Chr.)

„Ich meine, dass die Gesundheit uns glücklich macht, aber das Umgekehrte tut auch seine Wirkung. Ich glaube, dass ein glücklicher Mensch weniger leicht erkrankt als ein unglücklicher."
Bertrand, Earl of Russell, englischer Philosoph (1872 – 1970)

„Krankheiten überfallen den Menschen nicht wie ein Blitz aus heiterem Himmel, sondern sind die Folge fortgesetzter Fehler wider die Natur."
Hippokrates, griechischer Arzt (um 460 – 377 v. Chr.)

„Wenn wir uns über unsere Gesundheit nur halb so freuen könnten, wie wir uns über jede Krankheit grämen und Sorgen machen, wären wir maßlos glücklich."
Sigmund Graff, deutscher Dramatiker (1898 – 1979)

„Die allerschlimmste Krankheit ist das Leben; und heilen kann sie nur der Tod."
Heinrich Heine, deutscher Dichter (1797 – 1856)

„Gesundheit erflehen die Menschen von den Göttern. Dass es aber in ihrer Hand liegt, diese zu bewahren, daran denken sie nicht. Ihre Unmäßigkeit macht sie selber zu Verrätern an ihrer eigenen Gesundheit."
Demokrit, griechischer Philosoph (um 470 – 380 v. Chr.)

28. Glück und Unglück

„Glück ist der Stuhl, der plötzlich dasteht, wenn man sich zwischen zwei andere setzen will."
George Bernard Shaw, irischer Dramatiker (1856 – 1950)

„Wohin wir auch blicken auf dieser Welt, überall entwickeln sich die Chancen aus den Problemen."
Nelson A. Rockefeller, amerikanischer Politiker (1908 – 1979)

„Das Glück ist im Grunde nichts anderes als der mutige Wille, zu leben, indem man die Bedingungen dieses Lebens annimmt."
Maurice Barrès, französischer Schriftsteller (1862 – 1923)

„Der Frohe lächelt, wenn er mit seinen Freunden zusammen ist. Der Glückliche lächelt auch, wenn er allein ist."
Ola Normann, norwegischer Philosoph (18. Jh.)

„Glück, das ist einfach eine gute Gesundheit und ein schlechtes Gedächtnis."
Ernest Hemingway, amerikanischer Schriftsteller (1899 – 1961)

„Glück hängt davon ab, ob du bereit bist, wenn die Gelegenheit kommt."
Ophra Winfrey, amerikanische Schauspielerin und Talkmasterin (geb. 1954)

„Glück ist meistens nur ein Sammelname für Tüchtigkeit, Klugheit, Fleiß und Beharrlichkeit."
Charles Kettering, amerikanischer Ingenieur und Erfinder (1876 – 1958)

„Glück ist gut für den Körper, aber Kummer stärkt den Geist."
Marcel Proust, französischer Schriftsteller (1871 – 1922)

„Zur Macht des Glücks bekennen sich nur die Unglücklichen, die Glücklichen führen alle ihre Erfolge auf Klugheit und Tüchtigkeit zurück."
Jonathan Swift, anglo-irischer Schriftsteller (1667 – 1745)

„Viele Menschen versäumen das kleine Glück, während sie auf das große vergeblich warten."
Pearl S. Buck, amerikanische Schriftstellerin (1892 – 1973)

„Unglück wird zu Glück, indem man es bejaht."
Hermann Hesse, deutsch-schweizerischer Dichter und Nobelpreisträger (1877 – 1962)

„Glück im Leben besteht aus den vielen Dingen, die einem nicht zugestoßen sind."
Paul Hörbiger, österreichischer Schauspieler (1894 – 1981)

„Erst im Unglück weiß man wahrhaft, wer man ist."
Stefan Zweig, österreichischer Schriftsteller (1881 – 1942)

„Die Menschen kommen durch nichts den Göttern näher, als wenn sie Menschen glücklich machen."
Marcus Tullius Cicero, römischer Redner und Schriftsteller (um 106 – 43 v. Chr.)

„Das Geheimnis des Unglücklichseins beruht darin, dass man viel zu viel Zeit hat, sich Gedanken darüber zu machen, ob man glücklich ist oder nicht."
George Bernard Shaw, irischer Dramatiker (1856 – 1950)

„Wir haben die Wahl, uns glücklich oder unglücklich zu machen. Beides ist mit gleich viel Arbeit verbunden."
Carlos Castaneda, amerikanischer Schriftsteller (1925 – 1998)

29. Gut und Böse

„Es ist albern, Menschen in gut oder schlecht zu gruppieren. Menschen sind entweder charmant oder langweilig."
Oscar Wilde, irischer Schriftsteller (1854 – 1900)

„Der Glaube an einen übernatürlichen Ursprung des Bösen ist nicht notwendig: Die Menschen sind von sich aus zu jeder Gemeinheit fähig."
Joseph Conrad, englischer Schriftsteller (1857 – 1924)

„Der Tugendhafte begnügt sich, von dem zu träumen, was der Böse im Leben verwirklicht."
Platon, griechischer Philosoph (427 – 347 v. Chr.)

„Auf zweierlei sollte man sich nie verlassen: Wenn man Böses tut, dass es verborgen bleibt; wenn man Gutes tut, dass es bemerkt wird."
Ludwig Fulda, deutscher Bühnenautor (1862 – 1939)

„Auf die bösen Menschen ist Verlass, sie ändern sich wenigstens nicht."
William Faulkner, amerikanischer Schriftsteller und Nobelpreisträger (1897 – 1962)

„Man wirft den Großen oft vor, dass sie sehr viel Gutes hätten tun können, das sie nicht getan haben. Sie könnten antworten: Bedenkt einmal das Böse, das wir hätten tun können und nicht getan haben."
Georg C. Lichtenberg, deutscher Physiker (1742 – 1799)

„Ich glaube, dass alle Menschen, die das Böse in der Welt verurteilen, auch verstehen müssen, dass dieses Böse ohne ihre eigene Mitschuld nicht existieren könnte."
Arthur Miller, amerikanischer Dramatiker (geb. 1915)

„Das Gute reist mit der Geschwindigkeit einer Schlange. Das Böse hat Flügel."
Mahatma Gandhi, indischer Politiker (1869 – 1948)

„Wer sich vornimmt, Gutes zu wirken, darf nicht erwarten, dass die Menschen ihm deswegen Steine aus dem Weg räumen, sondern muss auf das Schicksalhafte gefasst sein, dass sie ihm welche draufrollen."
Albert Schweitzer, deutscher Arzt und Nobelpreisträger (1875 – 1965)

„An sich ist nichts weder gut noch böse. Erst das Denken macht es dazu."
William Shakespeare, englischer Dichter und Schauspieler (1564 – 1616)

„Das Böse ist nichts als das Gute, gequält von seinem eigenen Hunger und Durst."
Kahlil Gibran, syrisch-amerikanischer Dichter und Maler (1883 – 1931)

„Die Lust am Bösen ist unsterblich."
Ingrid Noll, deutsche Schriftstellerin (geb. 1935)

„Was je Gutes oder Böses über die Menschen gekommen ist, haben Menschen gemacht."
Adalbert Stifter, österreichischer Schriftsteller (1805 – 1868)

„Wer das Böse ohne Widerspruch hinnimmt, arbeitet in Wirklichkeit mit ihm zusammen."
Dr. Martin Luther King, amerikanischer Geistlicher und Friedensnobelpreisträger (1929 – 1968)

„Wenn wir einmal nicht grausam sind, dann glauben wir gleich, wir seien gut."
Kurt Tucholsky, deutscher Schriftsteller (1890 – 1935)

30. Klugheit und Dummheit

„Der Mensch hat dreierlei Wege, klug zu handeln: erstens durch Nachdenken, das ist der edelste, zweitens durch Nachahmen, das ist der leichteste, und drittens durch Erfahrung, das ist der bitterste."
Konfuzius, chinesischer Philosoph (um 551 – 479 v. Chr.)

„Man sollte eigentlich im Leben niemals die gleiche Dummheit zweimal machen, denn die Auswahl ist so groß."
Bertrand Russell, englischer Philosoph (1872 – 1970)

„Die Menschheit wäre schon viel weiter, wenn sie nicht so viel Klugheit auf die Abwehr der Dummheit verwenden müsste."
William Faulkner, amerikanischer Schriftsteller (1897 – 1962)

„Gesellschaftlich ist kaum etwas so erfolgreich wie Dummheit mit guten Manieren."
Voltaire, französischer Schriftsteller und Philosoph (1694 – 1778)

„Klugheit ist die Kunst zu erkennen, was man übersehen muss."
William James, amerikanischer Psychologe (1842 – 1910)

„Zwei Dinge sind unendlich: das Universum und die menschliche Dummheit. Aber bei dem Universum bin ich mir noch nicht ganz sicher."
Albert Einstein, deutsch-amerikanischer Physiker und Nobelpreisträger (1879 – 1955)

„Mit der Dummheit kämpfen selbst die Götter vergebens."
Friedrich von Schiller, deutscher Dichter (1759 – 1805)

„Die Klugheit eines Menschen lässt sich aus der Sorgfalt ermessen, womit er das Künftige oder das Ende bedenkt."
Georg Christoph Lichtenberg, deutscher Physiker (1742 – 1799)

„Lache nie über die Dummheit anderer – sie ist deine Chance!"
Sir Winston Churchill, britischer Premierminister (1874 – 1965)

„Die größte Klugheit einer klugen Frau besteht darin, ihre Klugheit nicht zu zeigen."
Virginia Woolf, englische Schriftstellerin (1882 – 1941)

„Erfahrungen sind die Samenkörner, aus denen Klugheit emporwächst."
Dr. Konrad Adenauer, 1. deutscher Bundeskanzler (1876 – 1967)

„Das Ärgerliche in dieser Welt ist, dass die Dummen todsicher und die Intelligenten voller Zweifel sind."
Bertrand Russell, englischer Philosoph (1872 – 1970)

„Was auf den ersten Blick wie Feigheit aussieht, ist möglicherweise Klugheit."
Jean Giono, französischer Dramatiker (1895 – 1970)

„Die besten Methode, Narren zu überzeugen, ist, sie ihre Dummheiten ausführen zu lassen."
George Bernhard Shaw, anglo-irischer Dramatiker (1856 – 1950)

„Gegen eine Dummheit, die gerade in Mode ist, kommt keine Klugheit auf."
Theodor Fontane, deutscher Schriftsteller (1819 – 1898)

31. Neid

„Die Anzahl unserer Neider bestätigt unsere Fähigkeiten."
Oscar Wilde, irischer Schriftsteller (1854 – 1900)

„Man soll lieber Neid als Mitleid erregen."
Jaques Prévert, französischer Schriftsteller (1900 – 1977)

„Der Neid ist die aufrichtigste Form der Anerkennung."
Wilhelm Busch, deutscher Zeichner und Dichter (1832 – 1908)

„Neid ist ein stärkerer Ansporn als Geld."
John Gay, englischer Dichter (1685 – 1732)

„Erfolg ist nur halb so schön, wenn es niemanden gibt, der einen beneidet."
Norman Mailer, amerikanischer Journalist (geb. 1923)

„Wie gern wir uns beneiden lassen, beweist fast jede Ansichtskarte, die wir schreiben."
Sigmund Graff, deutscher Schriftsteller (1898 – 1979)

„Der Hass ist ein aktives Missvergnügen, der Neid ein passives, deshalb darf man sich auch nicht wundern, wenn der Neid so schnell in Hass übergeht."
Johann Wolfgang von Goethe, deutscher Dichter (1749 – 1832)

„Neid ist Ärger über den Mangel an Gelegenheit zur Schadenfreude."
Unbekannt

„Des Ruhmes Begleiter ist der Neid."
Cornelius Nepos, römischer Historiker (um 100 – 25 v. Chr.)

„Das sicherste Zeichen, mit großen Eigenschaften geboren worden zu sein, ist wohl, keinen Neid zu kennen."
François de la Rochefoucauld, französischer Schriftsteller (1613 – 1680)

„Der Neid ist eine sehr positive Eigenschaft. Er treibt viele Menschen zu Leistungen an, die sie sonst nie vollbringen würden."
Tennessee Williams, amerikanischer Schriftsteller (1911 – 1983)

„Neid ist der Schatten, den der Erfolg wirft."
Marilyn Monroe, amerikanische Schauspielerin (1926 – 1962)

„Es ist eine Krankheit der Menschen, ihr eigenes Feld zu vernachlässigen, um in den Feldern anderer nach Unkraut zu suchen."
Vicki Baum, deutsch-amerikanische Schriftstellerin (1888 – 1960)

„Die Menschen tun viel, um geliebt zu werden. Alles aber setzen sie daran, um beneidet zu werden."
Mark Twain, amerikanischer Schriftsteller (1835 – 1910)

„Mir ist weniger am Lob der Leute gelegen; ihr Neid wäre das Einzige, was mich noch freuen würde."
Georg C. Lichtenberg, deutscher Physiker (1742 – 1799)

„Hinter jeder Frau im Nerz steht eine andere, die darüber lästert, wo sie ihn herhat."
Inge Meysel, deutsche Schauspielerin (geb. 1910)

„Beneide niemanden, denn du weißt nicht, ob der Beneidete im Stillen nicht etwas verbirgt, was du bei einem Tausch nicht übernehmen möchtest."
August Strindberg, schwedischer Dramatiker (1849 – 1912)

32. Religion und Gott

„Gott ist die Überwältigung unseres Inneren durch die Unendlichkeit. Die Kapitulation des menschlichen Begriffsvermögens vor der Welt."
Christian Morgenstern, deutscher Dichter (1871 – 1914)

„Wenn man sieht, was der liebe Gott auf der Welt alles zulässt, hat man das Gefühl, dass er noch immer experimentiert."
Sir Peter Ustinov, englischer Schauspieler (geb. 1921)

„Gott ist ein Komödiant, der vor einem Publikum spielt, das Angst hat zu lachen."
Voltaire, französischer Schriftsteller und Philosoph (1694 – 1778)

„Der Nachteil des Himmels besteht darin, dass man die gewohnte Gesellschaft vermissen wird."
Mark Twain, amerikanischer Schriftsteller (1835 – 1910)

„Gott schläft im Stein, träumt in der Blume, erwacht im Tier und lebt im Menschen."
Rabindranath Tagore, indisch-bengalischer Dichter und Nobelpreisträger (1861 – 1941)

„Was Gott an und für sich ist, wissen wir so wenig, als ein Käfer weiß, was ein Mensch ist."
Ulrich Zwingli, Schweizer Reformator (1484 – 1531)

„Sie sagen, dass Gott überall sei, und doch stellen wir ihn uns als eine Art Einsiedler vor."
Emily Dickinson, amerikanische Dichterin (1830 – 1886)

„Wir Menschen machen Termine, Gott sagt die Zeit an."
Albert Einstein, deutscher Physiker (1879 – 1955)

„Gott gibt die Nüsse, aber er knackt sie nicht auf."
Johann Wolfgang von Goethe, deutscher Dichter (1749 – 1832)

„Als Gott den Menschen erschuf, war er bereits müde; das erklärt manches."
Mark Twain, amerikanischer Schriftsteller (1835 – 1910)

„Die Religion ist doch nichts als der Schatten, den das Universum auf die menschliche Intelligenz wirft."
Victor Hugo, französischer Schriftsteller (1802 – 1885)

„Dass wir einen Gott ahnen, ist nur ein unzulänglicher Beweis für sein Dasein. Ein stärkerer Beweis ist, dass wir fähig sind, an ihm zu zweifeln."
Arthur Schnitzler, österreichischer Dramatiker (1862 – 1931)

„Ist es nicht seltsam, dass die Menschen so gern für ihre Religion fechten und so ungern nach ihren Vorschriften leben?"
Georg C. Lichtenberg, deutscher Physiker und Schriftsteller (1742 – 1799)

„Gott kommt nicht, wann wir wollen, aber er kommt rechtzeitig."
Tennessee Williams, amerikanischer Schriftsteller (1911 – 1983)

„Religion ist Gottes Werk, vom Teufel perfektioniert."
Sir Peter Ustinov, englischer Schauspieler (geb. 1921)

„Alle Religionen sind schön, die uns zu guten Menschen machen."
Berthold Auerbach, deutscher Politiker (1812 – 1882)

33. Schönheit und Hässlichkeit

„Schönheit empfindet man nur als schön, wenn man auch den Kontrast dazu wahrnimmt."
Anne-Sophie Mutter, deutsche Geigerin (geb. 1963)

„Die Bedeutung des Wortes Schönheit ist ein Rätsel geblieben, und das, nachdem tausende gelehrte Menschen 150 Jahre lang über die Bedeutung dieses Wortes diskutiert haben."
Leo Nikolajewitsch Tolstoi, russischer Schriftsteller (1828 – 1910)

„Ein Mann mit einem hohen Bankkonto kann gar nicht hässlich sein."
Zsa Zsa Gabor, amerikanisch-ungarische Schauspielerin (geb. wahrscheinlich 1917)

„Schönheit stirbt an der Wiederholung. Hässlichkeit steigert sich durch sie."
Sigmund von Radecki, deutscher Schriftsteller (1891 – 1970)

„Wer immer nur nach dem Zweck der Dinge fragt, wird ihre Schönheit nie entdecken."
Halldór Laxness, isländischer Schriftsteller und Nobelpreisträger (1902 – 1998)

„Kein Mensch ist hässlich, wenn man sich die Mühe macht, ihn aufmerksam zu betrachten."
Marguerite Duras, französische Schriftstellerin (1914 – 1996)

„Jeder, der sich die Fähigkeit erhält, Schönheit zu erkennen, wird nie alt werden."
Franz Kafka, österreichischer Schriftsteller (1883 – 1924)

„Die besten und schönsten Dinge können nicht gesehen oder berührt werden – sie müssen mit dem Herzen gefühlt werden."
Helen Keller, amerikanische Schriftstellerin und Sozialreformerin (1880 – 1968)

„Schönheit ist eines der seltenen Wunder, die unsere Zweifel an Gott verstummen lassen."
Jean Anouilh, französischer Dramatiker (1910 – 1987)

„Wo Charakter ist, da ist Hässlichkeit Schönheit; wo kein Charakter ist, da ist Schönheit Hässlichkeit."
Afrikanisches Sprichwort

„Schönheit ist nach drei Tagen genauso langweilig wie Tugend."
George Bernhard Shaw, anglo-irischer Dramatiker (1856 – 1950)

„Wie doch Freude und Glück einen Menschen schön machen."
Fjodor Michailowitsch Dostojewski, russischer Schriftsteller (1821 – 1881)

„Schönheit gibt es in allen Größen – nicht nur in Größe 36."
Roseanne Barr, amerikanische Schauspielerin (geb. 1953)

„Auch das Schöne muss sterben."
Friedrich von Schiller, deutscher Dichter (1759 – 1805)

„Jeder trägt in sich das Urbild der Schönheit, deren Abbild er in der großen Welt sucht."
Blaise Pascal, französischer Philosoph (1623 – 1662)

„Nicht die Schönheit entscheidet, wen wir lieben, sondern die Liebe entscheidet, wen wir schön finden."
Sophia Loren, italienische Schauspielerin (geb. 1934)

34. Wahrheit und Lüge

„Mit der Wahrheit kann man allenfalls leger umgehen – lügen muss man ganz genau."
Hans Kasper, deutscher Schriftsteller (geb. 1916)

„Die Wahrheit triumphiert nie, ihre Gegner sterben nur aus."
Max Planck, deutscher Physiker (1858 – 1947)

„Am meisten fühlt man sich von der Wahrheit getroffen, die man sich selbst verheimlichen wollte."
Friedl Beutelrock, deutsche Schriftstellerin (1889 – 1958)

„Vielleicht kann ich die Wahrheit finden, indem ich die Lügen vergleiche."
Leo Trotzki, russischer Politiker (1879 – 1940)

„Man sollte die Wahrheit dem anderen wie einen Mantel hinhalten, dass er hineinschlüpfen kann – nicht wie ein nasses Tuch um den Kopf schlagen."
Max Frisch, Schweizer Schriftsteller (1911 – 1991)

„Eine schmerzliche Wahrheit ist besser als eine Lüge."
Thomas Mann, deutscher Dichter (18575 – 1955)

„Mir scheint jede Wahrheit ein Zentrum zu sein, das wir nur umkreisen und nie berühren."
Bettina von Arnim, deutsche Dichterin (1785 – 1859)

„Wer eine Wahrheit verbergen will, braucht sie nur offen auszusprechen – sie wird einem ja doch nicht geglaubt."
Charles Talleyrand, französischer Bischof und Staatsmann (1754 – 1838)

„Ehrlichkeit macht sich bezahlt. Aber den meisten Menschen scheint die Bezahlung nicht auszureichen."
Frank McKinney „Kin" Hubbard, amerikanischer Humorist (1868 – 1930)

„Die Menschen stolpern gelegentlich über die Wahrheit, aber sie richten sich danach auf und gehen weiter, als sei nichts geschehen."
Sir Winston Churchill, britischer Premierminister (1874 – 1965)

„Alle großen Wahrheiten waren am Anfang Blasphemien."
George Bernhard Shaw, irischer Dramatiker (1856 – 1950)

„Wenn die Wahrheit zu schwach ist sich zu verteidigen, muss sie zum Angriff übergehen."
Bertolt Brecht, deutscher Schriftsteller (1898 – 1956)

„Eine Lüge ist bereits dreimal um die Erde gelaufen, bevor sich die Wahrheit die Schuhe anzieht."
Mark Twain, amerikanischer Schiftsteller (1835 – 1910)

„Durch ihre Unglaublichkeit entzieht sich die Wahrheit dem Erkanntwerden."
Heraklit, griechischer Philosoph (um 500 v. Chr.)

„Wenn alle Menschen immer die Warheit sagten, wäre das die Hölle auf Erden."
Jean Gabin, französischer Schauspieler (1904 – 1976)

„Wir sollten niemals aus den Augen verlieren, dass der Weg zur Tyrannei mit der Zerstörung der Wahrheit beginnt."
Bill Clinton, 42. US-Präsident (geb. 1946)

„Eine Lüge, die Gutes bewirkt, ist besser als eine Wahrheit, die Unglück bringt."
Persisches Sprichwort

35. Zukunft

„Die Zukunft sollte man nicht vorhersehen wollen, sondern möglich machen."
Antoine de Saint-Exupéry, französischer Schriftsteller (1900 – 1944)

„Die Unkenntnis zukünftiger Übel ist besser als das Wissen darum."
Marcus Tullius Cicero, römischer Redner und Schriftsteller (um 106 – 43 v. Chr.)

„Früher hatten die Menschen Angst vor der Zukunft. Heute muss die Zukunft Angst vor den Menschen haben."
Werner Mitsch, deutscher Aphoristiker (geb. 1936)

„Das Beste an der Zukunft ist vielleicht die Tatsache, dass nur ein Tag auf einmal kommt."
Dean Gooderham Acheson, amerikanischer Politiker (1893 – 1944)

„Wer die Zukunft nur mit Furcht erwartet, impft sie mit Schrecken."
Hans Kasper, deutscher Schriftsteller und Journalist (geb. 1916)

„Ich interessiere mich sehr für die Zukunft, denn ich werde mit ihr den Rest meines Lebens zubringen."
Milva, italienische Sängerin (geb. 1939)

„Zukunft wird nur dann möglich sein, wenn wir lernen, auf Dinge, die machbar wären, zu verzichten, weil wir sie nicht brauchen."
Günter Grass, deutscher Schriftsteller und Nobelpreisträger (geb. 1927)

„Wenn wir einen Streit zwischen der Vergangenheit und der Gegenwart eröffnen, so werden wir die Zukunft verlieren."
Sir Winston Churchill, britischer Premierminister (1874 – 1965)

„Ich denke niemals an die Zukunft. Sie kommt früh genug."
Albert Einstein, deutsch-amerikanischer Physiker und Nobelpreisträger (1879 – 1955)

„Es kommt nicht darauf an, die Zukunft vorauszusagen, sondern darauf, auf die Zukunft vorbereitet zu sein."
Perikles, griechischer Feldherr, Redner und Reformer (um 495 – 429 v.Chr.)

„Die Zukunft gehört niemandem. Es gibt keine Vorläufer, es existieren nur Nachzügler."
Jean Cocteau, französischer Schriftsteller (1889 – 1963)

„Die Vergangenheit und die Gegenwart sind unsere Mittel. Die Zukunft unser Zweck."
Blaise Pascal, französischer Philosoph (1623 – 1662)

„Vergangenes kann man nicht ändern, aber sich kann man ändern – für die Zukunft."
Hans Fallada, deutscher Schriftsteller (1893 – 1947)

„Oft ist die Zukunft schon da, ehe wir ihr gewachsen sind."
John Ernst Steinbeck, amerikanischer Schriftsteller und Nobelpreisträger (1902 – 1968)

„Ich breche die Brücken hinter mir ab. Man verliert dann keine Zeit mit Rückblicken, wo es schon genug Mühe macht, die Augen nach vorn zu richten. Es gibt also keine andere Wahl, als vorwärts zu gehen."
Fridtjof Nansen, norwegischer Polarforscher, Staatsmann und Friedensnobelpreisträger (1861 – 1930)

36. Abschied

„Das Schlimmste am Abschied von Menschen ist, zu wissen, dass man ohne sie auskommen kann und wird."
Anne Morrow Lindberg, amerikanische Schriftstellerin (geb. 1906)

„Der Abschied schmerzt immer, auch wenn man sich schon lange auf ihn freut."
Arthur Schnitzler, österreichischer Dramatiker (1862 – 1931)

„Trennung lässt matte Leidenschaften verkümmern und starke wachsen."
François de la Rochefoucauld, französischer Schriftsteller (1613 – 1680)

„Das einzig Wichtige im Leben sind die Spuren der Liebe, die wir hinterlassen, wenn wir ungefragt weggehen und Abschied nehmen müssen."
Albert Schweitzer, deutscher Arzt und Nobelpreisträger (1875 – 1965)

„Über das Kommen mancher Leute tröstet uns nichts als die Hoffnung auf ihr Gehen."
Marie von Ebner-Eschenbach, österreichische Schriftstellerin (1830 – 1916)

„Der Bahnhof weiß nur von Freuden oder Tränen."
William Faulkner, amerikanischer Schriftsteller und Nobelpreisträger (1897 – 1962)

„Du siehst die leuchtende Sternschnuppe nur dann, wenn sie vergeht."
Christian Friedrich Hebbel, deutscher Dramatiker (1813 – 1863)

„Man muss manchmal von einem Menschen fortgehen, um ihn zu finden."
Heimito von Doderer, österreichischer Schriftsteller (1896 – 1966)

„Abschiedsworte müssen kurz sein wie eine Liebeserklärung."
Theodor Fontane, deutscher Schriftsteller (1819 – 1898)

„Das Leben ist ein beständiges Abschiednehmen. Jeden Abend nimmt man von einem Tage Abschied, oft mit einem Seufzer der Erleichterung, aber oft auch mit Schmerz."
Ricarda Huch, deutsche Schriftstellerin (1864 – 1947)

„Im Abschied ist die Geburt der Erinnerung."
Salvador Dali, spanischer Maler (1904 – 1989)

„In jeder großen Trennung liegt ein Keim von Wahnsinn; man muss sich davor hüten, ihn nachdenklich auszubrüten und zu pflegen."
Johann Wolfgang von Goethe, deutscher Dichter (1749 – 1832)

„Es ist Unsinn, Türen zuzuschlagen, wenn man sie angelehnt lassen kann."
James W. Fulbright, amerikanischer Politiker (1905 – 1995)

„Abschied nehmen bedeutet immer ein wenig sterben."
Antoine de Saint-Exupéry, französischer Schriftsteller (1900 – 1944)

„Kein Abschied auf der Welt fällt schwerer als der Abschied von der Macht."
Charles Maurice de Talleyrand, französischer Bischof und Staatsmann (1754 – 1838)

37. Dank

„Es ist ein lobenswerter Brauch: Wer Gutes bekommt, der bedankt sich auch."
Wilhelm Busch, deutscher Zeichner und Schriftsteller (1832 – 1908)

„Begegnet uns jemand, der uns Dank schuldig ist, gleich fällt es uns ein. Wie oft aber können wir jemand begegnen, dem wir Dank schuldig sind, ohne daran zu denken."
Johann Wolfgang von Goethe, deutscher Dichter (1749 – 1832)

„Dankbare Menschen sind wie fruchtbare Felder; sie geben das Empfangene zehnfach zurück."
August von Kotzebue, deutscher Jurist und Dramatiker (1761 – 1819)

„Dank ist keine Erniedrigung, sondern ein Zeichen hellen Verstandes."
Jeremias Gotthelf, Schweizer Pfarrer (1797 – 1854)

„Wichtig für die Dankbarkeit, die du zu betätigen hast, ist, dass du nicht wartest, bis der andere sie von dir fordert."
Albert Schweitzer, deutscher Arzt und Nobelpreisträger (1875 – 1965)

„Keine Schuld ist dringender als die, Dank zu sagen."
Marcus Tullius Cicero, römischer Redner und Schriftsteller (um 106 – 43 v. Chr.)

„Schenken ist ein Brückenschlag über den Abgrund deiner Einsamkeit."
Antoine de Saint-Exupéry, französischer Schriftsteller (1900 – 1944)

„Was du mit Geld nicht bezahlen kannst, bezahle wenigstens mit Dank."
Deutsches Sprichwort

„Für eine Wohltat so groß wie ein Wassertropfen gib zum Dank eine sprudelnde Quelle zurück."
Chinesisches Sprichwort

„Es ist besser, einen Tropfen Licht zu geben oder zu empfangen als einen Ozean voller Dunkelheit."
Joseph Joubert, französischer Schriftsteller (1754 – 1824)

„Güte ist, wenn man das leise tut, was die anderen laut sagen."
Friedl Beutelrock, deutsche Schriftstellerin (1889 – 1958)

„Die größte Kraft des Lebens ist Dankbarkeit."
Hermann Bezzel, deutscher Schriftsteller (1861 – 1917)

„Wenn ich merke, dass ich kraftlos werde, schließe ich die Augen und merke: Meine Freunde bringen mir Energie."
Unbekannt

„Die Dankbarkeit der meisten ist nur der geheime Wunsch, noch mehr zu bekommen."
Françoise de la Rochefoucauld, französischer Schriftsteller (1613 – 1680)

„Statt zu klagen, dass wir nicht alles haben, was wir wollen, sollten wir lieber dankbar sein, dass wir nicht alles bekommen, was wir verdienen."
Dieter Hildebrandt, deutscher Kabarettist (geb. 1927)

„Die größte Kraft des Lebens ist Dankbarkeit."
Herrmann Bezzel, deutscher Schriftsteller (1861 – 1917)

38. Geburt und Geburtstag

„Es schadet nichts, in einem Entenhofe geboren zu sein, wenn man nur in einem Schwanenei gelegen hat."
Hans Christian Andersen, dänischer Märchendichter (1805 – 1875)

„Das Wichtigste, das ein Vater für seine Kinder tun kann, ist, ihre Mutter zu lieben."
Henry Ward Beecher, amerikanischer Prediger und Schriftsteller (1813 – 1887)

„Je älter man wird, desto mehr ähnelt die Geburtstagstorte einem Fackelzug."
Katherine Hepburn, amerikanische Schauspielerin (1907 – 2003)

„Das Glück eines Kindes beginnt lange bevor es geboren wird, im Herzen von zwei Menschen, die einander sehr gern haben."
Phil Bosmans, belgischer Ordenspriester (geb. 1922)

„Als du geboren wurdest, war ein regnerischer Tag. Aber es war nicht wirklich Regen, sondern der Himmel weinte, weil er einen Stern verloren hatte."
Antoine de Saint-Exupéry, französischer Schriftsteller (1900 – 1944)

„Wir können die Kinder nach unserem Sinne nicht formen. So wie Gott sie uns gab, so muss man sie haben und lieben ..."
Johann Wolfgang von Goethe, deutscher Dichter (1749 – 1832)

„Wenn du ein Kind siehst, hast du Gott auf frischer Tat ertappt."
Martin Luther, deutscher Reformator (1483 – 1546)

„Was zur Welt kommt, um nichts in Aufruhr zu bringen, verdient weder Rücksicht noch Geduld."
René Char, französischer Schriftsteller (1907 – 1988)

„Der Geburtstag ist das Echo der Zeit."
Evelyn Arthur Waugh, englischer Schriftsteller (1903 – 1966)

„Jedes neugeborene Kind bringt die Botschaft, dass Gott sein Vertrauen in die Menschheit noch nicht verloren hat."
Rabindranath Tagore, indischer Dichter (1861 – 1941)

„Unser ganzes Leben ist ein nie wiederkehrender Geburtstag, den wir darum heiliger und freudiger begehen sollten."
Jean Paul, deutscher Dichter (1763 – 1825)

„Mit jedem Menschen ist etwas Neues in die Welt gesetzt, was es noch nicht gegeben hat, etwas Ernstes und Einziges."
Martin Buber, jüdischer Religionsforscher (1878 – 1965)

„Feiere jeden Geburtstag, als ob es der letzte wäre, und bedenke, dass Liebe das einzige Geschenk ist, das wirklich die Mühe wert ist, zu geben."
Unbekannt

„Das Herz einer Mutter ist das Schulzimmer ihres Kindes."
Henry Ward Beecher, amerikanischer Prediger und Schriftsteller (1813 – 1887)

„Jedes Kind, das zur Welt kommt, ist ein menschgewordener Gott."
Simone de Beauvoir, französische Schriftstellerin (1908 – 1986)

39. Hochzeit und Scheidung

„Die Musik bei einem Hochzeitszug erinnert mich immer an die Musik von Soldaten, die in den Krieg ziehen."
Heinrich Heine, deutscher Dichter (1797 – 1856)

„Wenn wir heiraten, übernehmen wir ein versiegeltes Schreiben, dessen Inhalt wir erst erfahren, wenn wir auf hoher See sind."
Lilli Palmer, deutsch-englische Schauspielerin (1914 – 1986)

„An der Scheidung sind meistens die Männer schuld. Warum haben sie geheiratet."
Katherine Hepburn, amerikanische Schauspielerin (1907 – 2003)

„Zum Heiraten gehören immer zwei: ein Mädchen und ihre Mutter."
Adele Sandrock, deutsche Schauspielerin (1863 – 1937)

„Die Scheidung ist die einzige menschliche Tragödie, die alles aufs Geld reduziert."
Rita Mae Brown, amerikanische Schriftstellerin (geb. 1944)

„Heirat ist der Triumph von Einbildung über Intelligenz. Eine zweite Heirat ist der Triumph von Hoffnung über Erfahrung."
Hugo Henrik Alvar Aalto, finnischer Architekt (1898 – 1976)

„Ich weiß nicht, wozu man mehr Mut braucht: einen lebenslangen Belastungstest zu überstehen, nur weil man einmal ein Versprechen gegeben hat, oder sich zu befreien und seine Welt zu zerstören."
Anne Tyler, amerikanische Schriftstellerin (geb. 1941)

„Frauen bewundern die kühnen Eroberer, aber sie heiraten die zähen Belagerer."
Margaret Mitchell, amerikanische Autorin (1900 – 1949)

„Die Heirat ist eine lebenslängliche Verurteilung, bei der man aufgrund schlechter Führung vorzeitig begnadigt werden kann."
Sir Alfred Hitchcock, englischer Regisseur (1899 – 1980)

„Die Hochzeit hat die Entführung nur deshalb abgelöst, weil niemand gern auf Geschenke verzichtet."
Mark Twain, amerikanischer Erzähler (1835 – 1910)

„Am Ehebruch scheitern weniger Ehen als an Szenen und zugeschlagenen Türen, an der Hemdsärmeligkeit des Mannes und den ungepflegten Haaren der Frau."
Oswald Bumke, deutscher Psychiater (1877 – 1950)

„Wenn ein Mädchen heiratet, tauscht es die Aufmerksamkeit vieler Männer gegen die Unaufmerksamkeit eines einzigen."
Helen Rowland, amerikanische Journalistin (1875 – 1950)

„Ich habe noch nie einen Mann genug gehasst, um ihm seine Juwelen zurückzugeben."
Zsa Zsa Gabor, amerikanische Schauspielerin (wahrscheinlich geb. 1919)

„Der reiche Mann engagiert sich eine Köchin, eine Sekretärin, ein Hausmädchen und eine Wäscherin. Der arme Mann heiratet einfach."
Shirley MacLaine, amerikanische Schauspielerin (geb. 1934)

„Heirat ist nicht das Happyend, sie ist immer erst ein Anfang."
Federico Fellini, italienischer Regisseur (1920 – 1993)

40. Tod und Trauer

„Der Tod ist nichts Schreckliches. Nur die fürchterliche Vorstellung vom Tode macht ihn furchtbar."
Epiktet, griechischer Philosoph (um 50 – 138)

„Die Sonne scheint für dich – deinetwegen –, und wenn sie müde wird, beginnt der Mond, und dann werden die Sterne angezündet."
Sören Kierkegaard, dänischer Schriftsteller und Philosoph (1813 – 1855)

„Der Tod ist nicht der Untergang, der alles aufhebt und zerstört, sondern eine Wanderung und der Beginn eines anderen Lebens, welches ein Ende nicht hat."
Marcus Tullius Cicero, römischer Redner und Schriftsteller (um 106 – 43 v. Chr.)

„Das, was wir Tod nennen, ist in Wahrheit der Anfang des Lebens."
Thomas Carlyle, schottischer Schriftsteller (1795 – 1881)

„Niemand kennt den Tod, es weiß auch keiner, ob er nicht das größte Geschenk für den Menschen ist. Dennoch wird er gefürchtet, als wäre es gewiss, dass er das schlimmste aller Übel sei."
Sokrates, griechischer Philosoph (um 470 – 399 v. Chr.)

„Er ist nun frei und unsere Tränen wünschen ihm Glück."
Johann Wolfgang von Goethe, deutscher Dichter (1749 – 1832)

„Man lebt zweimal: das erste Mal in der Wirklichkeit, das zweite Mal in der Erinnerung."
Honoré de Balzac, französischer Schriftsteller (1799 – 1850)

„Die meisten Menschen haben Angst vor dem Tod, weil sie nicht genug aus ihrem Leben gemacht haben."
Sir Peter Ustinov, britischer Schauspieler (geb. 1921)

„Der Tod ist der Preis, ohne den es ein höheres Leben nicht geben kann."
Hoimar von Ditfurth, deutscher Publizist (1921 – 1989)

„Der Tod ist eine Bruchstelle, kein Ende."
Ernst Jünger, deutscher Schriftsteller (1895 – 1998)

„Wie ein gut verbrachter Tag einen glücklichen Schlaf beschert, so beschert ein gut verbrachtes Leben einen glücklichen Tod."
Leonardo da Vinci, Universalgenie (1452 – 1519)

„Der Mensch ist das einzige Lebewesen, das weiß, dass es sterben wird. Die Verdrängung dieses Wissens ist das einzige Drama des Menschen."
Friedrich Dürrenmatt, Schweizer Dramatiker (1921 – 1990)

„Jener letzte Tag, vor dem du zurückschreckst, ist der Geburtstag der Ewigkeit."
Seneca, römischer Philosoph (um 4 v. Chr. – 65 n. Chr.)

„Es ist besser, geliebt und verloren zu haben, als niemals geliebt zu haben."
Samuel Butler, englischer Philosoph (1835 – 1902)

„Alle weltlichen Dinge sind nur ein Traum im Frühling. Betrachte den Tod als Heimkehr."
Konfuzius, chinesischer Philosoph (um 551 – 479 v. Chr.)

„Die Seele wäre ohne Regenbogen, hätten die Augen keine Tränen."
John Vance Cheney, amerikanischer Dichter (1848– 1922)

41. Verzeihen

„Verzeihung ist die Antwort auf den Kindertraum vom Wunder, wodurch das Zerschlagene heil wird und das Schmutzige rein."
Dag Hammarskjöld, schwedischer Politiker (1905 – 1961)

„Es schadet einem nicht, wenn einem Unrecht geschieht. Man muss es nur vergessen können."
Konfuzius, chinesischer Philosoph (um 551 – 479 v. Chr.)

„Reue ist der feste Vorsatz, beim nächsten Mal keine Fingerabdrücke zu hinterlassen."
Marcel Achard, französischer Dramatiker (1899 – 1974)

„Nichts wird langsamer vergessen als eine Beleidigung und nichts eher als eine Wohltat."
Martin Luther, deutscher Reformator (1483 – 1546)

„Der Schwache kann nicht verzeihen. Verzeihen ist eine Eigenschaft des Starken."
Mahatma Gandhi, indischer Freiheitskämpfer (1869 – 1948)

„Wenn man jemandem alles verziehen hat, ist man mit ihm fertig."
Sigmund Freud, österreichischer Psychoanalytiker (1856 – 1939)

„Eine Frau verzeiht alles – aber sie erinnert uns oft daran, dass sie uns verziehen hat."
Karlheinz Böhm, österreichischer Schauspieler (geb. 1928)

„Verzeihen ist die schwerste Liebe."
Albert Schweitzer, deutsch-französischer Arzt und Nobelpreisträger (1875 – 1965)

„Es gibt auch eine Satanie im weiblichen Verzeihen."
Max Frisch, Schweizer Dramatiker und Erzähler (1911 – 1991)

„Was unsere Seele am schnellsten und am schlimmsten abnutzt, das ist Verzeihen, ohne zu vergessen."
Arthur Schnitzler, österreichischer Dramatiker (1862 – 1931)

„Alle Sünden kann man verzeihen, nur die Dummheit nicht."
Deutsches Sprichwort

„Willst du einen Augenblick glücklich sein, räche dich. Willst du ein Leben lang glücklich sein, schenke Vergebung."
Jean Baptiste Henri, französischer Advokat und Kanzelredner (1802 – 1861)

„Der Mensch ist nie so schön, als wenn er um Verzeihung bittet oder selbst verzeiht."
Jean Paul, deutscher Dichter (1763 – 1825)

„Ehe man tadelt, sollte man immer erst versuchen, ob man nicht verzeihen kann."
Georg Christoph Lichtenberg, deutscher Physiker (1742 – 1799)

„Ja, man muss seinen Feinden verzeihen, aber nicht früher, als bis sie gehenkt wurden."
Heinrich Heine, deutscher Dichter (1797 – 1856)

„Die meiste Nachsicht übt der, der die wenigste braucht."
Marie von Ebner-Eschenbach, österreichische Schriftstellerin (1830 – 1916)

„Man muss verzeihen können. Das Leben des Menschen ist zu kurz, als dass er es mit Nachtragen und Rachsucht hinbringen könnte."
Friedrich II., der Große, preußischer König (1712 – 1786)

42. Zitieren — aber richtig

„Die Weisheit der Weisen und die Erfahrung des Alters wird in Zitaten weitergegeben."
Benjamin Disraeli, englischer Staatsmann (1804 – 1881)

Warum also diese Weisheit und Erfahrung nicht nutzen? Egal, ob als Einleitung, als Wendepunkt oder als gelungener Abschluss Ihrer Rede, Ihres Vortrages oder Ihrer Präsentation, egal, ob Sie zum Schmunzeln oder zum Nachdenken anregen wollen: Ein gutes Zitat sichert Ihnen nicht nur die Aufmerksamkeit Ihrer Zuhörer, sondern bleibt auch in Erinnerung – und damit Ihr Vortrag und Sie als Person.

Darüber hinaus können Sie mithilfe eines treffenden Zitats einen noch so komplexen Sachverhalt in ein, zwei Sätzen leicht verständlich auf den Punkt bringen – und ein wenig Unterstützung von prominenter Seite für Ihre Argumente kann ja auch nie schaden ...

Sie sehen also, der Einsatz von Zitaten hat viele Vorteile. Damit er aber nicht zum Eigentor wird, gilt es auch hier, einige Regeln zu beachten:

Setzen Sie Zitate ganz bewusst und eher sparsam ein. Denn ein Zitat ist als „Sahnehäubchen" gedacht und erzielt nur dann die gewünschte positive Wirkung, wenn es die Ausnahme bleibt. Jemand, der in jeder Situation, zu jedem Thema mit einem mehr oder weniger passenden Zitat aufwartet, gilt hingegen schnell als „Sprücheklopfer".

Vermeiden Sie Wiederholungen. Ein Zitat – und mag es auch noch so gut sein – verliert seine besondere Wirkung, wenn Sie es vor demselben Publikum immer und immer wieder benutzen.

Müssen Sie regelmäßig öffentlich reden oder präsentieren, achten Sie auch darauf, dass Ihr Vortrag nicht immer die gleiche Struktur aufweist, also nicht grundsätzlich mit einem Zitat beginnt beziehungsweise endet.

Verwenden Sie nur Zitate, die Sie persönlich gut finden, hinter denen Sie tatsächlich stehen oder mit denen Sie bewusst provozieren wollen. So bleiben Sie immer glaubwürdig.

Achten Sie bei der Auswahl Ihrer Zitate darauf, dass zwischen dem Zitatgeber und Ihrer Zielgruppe keine völlig gegensätzlichen Grundeinstellungen bestehen. So werden Sie beispielsweise mit einem Zitat eines bekannten Kirchengegners bei einem religiös geprägten Publikum mit Sicherheit nicht punkten können, selbst wenn das fragliche Zitat in dieser Hinsicht völlig unverfänglich ist. Natürlich spielt hier auch das Renommee des Zitatgebers eine Rolle, denn die Ratschläge eines verarmten Bankiers zum Thema „Gewinnbringende Geldanlagen" sind für Ihre Argumentation schlicht kontraproduktiv, sofern Sie diesen Widerspruch nicht ganz bewusst als Provokation einsetzen.

Vermeiden Sie das allzu leicht arrogant klingende „Wie schon XY sagte: ...". Bleiben Sie stattdessen lieber beim bescheideneren „XY sagt zu diesem Thema: ..." und verwenden Sie Zitate niemals, um zu belehren oder um mit Ihrer guten Bildung zu prahlen. Das hinterlässt bei Ihren Zuhörern immer einen schalen Nachgeschmack.

Zum Schluss noch ein paar Formalia: Wenn Sie ein Zitat verwenden, dann nennen Sie selbstverständlich immer auch den Zitatgeber. Lassen Sie sich nicht dazu hinreißen, sich mit fremden Federn zu schmücken, denn die Gefahr, „entlarvt" zu werden, ist größer, als man denkt.

Ein Zitat muss sowohl formal als auch inhaltlich völlig mit dem Original übereinstimmen, selbst wenn Ihnen zum Beispiel die Sprache antiquiert vorkommen mag. Nehmen Sie auch keine sinnentstellenden Auslassungen oder Kürzungen vor, auch dann nicht, wenn das Zitat so besser in Ihren Vortrag passt.

43. Kleine Merkhilfe

Sie können sich einfach kein Zitat merken? Dann helfen Ihnen vielleicht folgende Anregungen:

Unser Gehirn erinnert sich besonders gut an Dinge,

- die ein bestimmtes Muster oder eine Verbindung zu etwas bereits Bekanntem aufweisen,
- die ungewöhnlich sind,
- die man sich bildlich vorstellen kann,
- die Emotionen wecken.

Um ein Zitat möglichst einprägsam zu machen, sollten Sie es zunächst einmal in Schlüsselwörter aufteilen. Übersetzen Sie nun diese Schlüsselwörter in Bilder. Nehmen Sie sich dafür ruhig einen Moment Zeit und betrachten Sie das Bild von allen Seiten. Gibt es Geräusche, Gerüche oder Emotionen, die Sie mit dem Bild verbinden? Fügen Sie dem Bild so viele Einzelheiten wie möglich hinzu – je ungewöhnlicher oder unglaublicher die Bilder sind, desto leichter können Sie sich diese merken, übertreiben Sie also ruhig.

Verbinden Sie nun diese Bilder zu einer kleinen Geschichte, um eine Verbindung zwischen den einzelnen Bildern herzustellen. Das erfordert vielleicht zunächst ein bisschen Übung, ist aber gar nicht so schwer. Hier ein Beispiel:

Sie wollen sich das Zitat „Es ist reine Zeitverschwendung, etwas Mittelmäßiges zu tun" von der amerikanischen Sängerin Madonna merken.

Schlüsselwörter sind hier Zeit/Zeitverschwendung, etwas Mittelmäßiges und Madonna. Mögliche Bilder dafür wären ein Wecker, ein Zeugnis mit lauter Dreien und eine Madonnenfigur mit der amerikanischen Flagge in der Hand. Und wann immer Sie dieses Zitat verwenden wollen, sehen Sie nun eine Madonnenfigur, die von ihrem Sockel hüpft, einen Wecker in ein Zeugnis mit lauter Dreien einwickelt und wutentbrannt in den Mülleimer wirft ...

44. Adressen, die weiterhelfen

www.zitate.at
Mit weit über 100 000 Zitaten (deutsch, englisch, französisch) wohl eine der umfangreichsten Zitaten-Datenbanken im Internet und dank der zahlreichen Such- und Zusatzfunktionen auch eine der komfortabelsten. Die Benutzung ist jedoch kostenpflichtig.

www.aphorismen.de
Mehrfach ausgezeichnete Internetseite mit 79 000 Aphorismen und Zitaten zu diversen Themen. Suche nach Thema, Inhalt oder Autor möglich.

www.zitate.de
Über 11 000 speziell für Redner recherchierte Zitate im direkten Zugriff.

www.glettkau.de
Über 6 000 Zitate, Witze und SMS-Sprüche sowie einige Extras. Auch ein täglicher Newsletter (kostenlos) ist im Angebot.

www.zitaten-service.de
SMS-Sprüche sowie 4 000 Zitate und Texte für fast alle Anlässe und Lebenssituationen.

www.weltzitate.de
Über 4 000 Aphorismen, Redewendungen, Sprichwörter und Zitate aus 47 Ländern. Die Aphorismen und Zitate sind nach Autor sowie dessen Herkunfts- oder Heimatland sortiert. Zusätzlich erhält man hier auch viele Informationen zu dem jeweiligen Land (Staatsform, Amtssprache, Bevölkerungsdichte, Religion, Währung, Klima ...).

www.linktips.de/zitate-suchen/
Aphorismen, Bonmots, Sprüche und Zitate zu diversen Themen von „Aberglaube" bis „Zweite Ehe".

www.spruecheportal.de
Neben Aphorismen und Zitaten finden sich hier auch Verse,
Weisheiten und Gedichte für jede Gelegenheit.

www.geocities.com/zitateseite/
Sammlung eher ernster Zitate von „Alter" bis „Zweifel", die
zum Nachdenken anregen.

www.quaotationspage.com
www.quoteland.com
www.lovepoemsandquotes.com
Für alle Fans von englischsprachigen Zitaten.

45. Bücher, die weiterhelfen

Bartels, Klaus: *Veni vidi vici: Geflügelte Worte aus dem Griechischen und Lateinischen*, dtv, München
Ein absolutes Schmankerl für alle Latein-Liebhaber mit großem oder kleinem Latinum – auch für Nicht-Lateiner geeignet.

Birkenbihl, Vera F.: *Das „neue" Stroh im Kopf. Vom Gehirn-Besitzer zum Gehirn-Benutzer*. mvgVerlag, München
Für alle, die ein bisschen tiefer in die Materie „Gehirn" und „gehirn-gerechtes Lernen" einsteigen wollen.

Duden: *Das große Buch der Zitate und Redewendungen*, Dudenverlag, Mannheim
Ein Buch für alle, die es ganz genau wissen wollen: Erläutert werden 15000 Zitate und Redewendungen, deren Herkunft und Bedeutung sowie der volkskundliche und kulturhistorische Hintergrund ihrer Entstehung.

Harenberg Lexikon der Sprichwörter und Zitate, Harenberg Verlag, Dortmund
Mit 50000 Einträgen das wohl umfassendste Werk in deutscher Sprache zu diesem Thema.

Stefan Knischek: *Lebensweisheiten berühmter Philosophen. 4000 Zitate von Aristoteles bis Wittgenstein*, Koch Media Verlag, München
Lebensweisheiten und Aphorismen von etwa 100 Philosophen aus allen historischen Epochen.

Reader's Digest: *Quotable Quotes. Wit and wisdom for all occasions from america's most popular magazine.* Reader's Digest Asscosiation
Für Englisch-Fans: Die besten Zitate aus dem gleichnamigen Magazin.

Scheu, Ursula (Hrsg.): *Lexikon der Frauenzitate. Kluge Gedanken, freche Bonmots, zeitlose Weisheiten*, Diederichs, Kreuzlingen/München
Zitate von, aber nicht nur für Frauen.

Simon, Hermann: *Geistreiches für Manager*, Piper Verlag, München
Hier werden nicht nur Manager fündig.

Staub, Gregor: *Mega Memory. Optimales Gedächtnistraining für Privatleben, Schule und Beruf.* mvg Verlag, München
Eine überraschend einfache, spaßige und trotzdem effektive Methode, um sich Namen, Zahlen, Vokabeln, Witze – und natürlich auch Zitate – zu merken.

Tange, Ernst-Günter: *Der boshafte Zitatenschatz*, Eichborn, Frankfurt/Main
Eine gelungene Sammlung frecher Zitate. Genau das richtige Mitbringsel für die nächste Party.

Tange, Ernst Günter: *Zitatenschatz für die Hochzeit, Ehe ist, wenn man trotzdem liebt*, Eichborn, Frankfurt/Main
Der Titel ist hier Programm ...

Wilde, Oscar: *Aphorismen*, Insel Verlag, Frankfurt/Main
Weise Worte des bekannten Zynikers, die den Nagel auf den Kopf treffen.

Hinweis

Die Beiträge in diesem Buch sind sorgfältig recherchiert und entsprechen dem aktuellen Stand. Abweichungen, beispielsweise durch seit Drucklegung geänderte Preise, Gebühren, Anlage-Entwicklungen, Internetadressen etc., sind nicht auszuschließen.
Weder Autor noch Verlag können für eventuelle Nachteile oder Schäden, die aus den im Buch gegebenen praktischen Hinweisen resultieren, eine Haftung übernehmen.

© 2003 Gräfe und Unzer Verlag GmbH, München.
Alle Rechte vorbehalten. Nachdruck, auch auszugsweise, sowie Verbreitung durch Bild, Funk, Fernsehen und Internet, durch fotomechanische Wiedergabe, Tonträger und Datenverarbeitungssysteme jeder Art nur mit schriftlicher Genehmigung des Verlags.

Gräfe und Unzer Verlag, Redaktion Business
Grillparzerstr. 12
81675 München
E-Mail: business@graefe-und-unzer.de

Programmleitung: Steffen Haselbach
Leitende Redaktion: Anita Zellner
Redaktion: Nina Pohlmann
Titelfoto: Horst Moser
Umschlag und Gestaltung: independent Medien-Design,
Petra Schmidt
Herstellung: Maike Harmeier
Satz: Filmsatz Schröter, München
Repro: w & co Media Services, München
Druck und Bindung: Druckerei Auer, Donauwörth
ISBN: 3-7742-5993-3

Aufl.	5	4	3	2	1
Jahr	2007	06	05	04	03

GRÄFE
UND
UNZER

Ein Unternehmen der
GANSKE VERLAGSGRUPPE